Cucina Lenta
Il Gusto della Pazienza in Cucina

Luca Rossi

Indice

Peperoncino Mac 11
Peperoncino di maiale con verdure 13
Cile sudoccidentale 14
Filetto di peperoncino 16
Peperoncino con Rajas 17
Peperoncino Habanero 18
Peperoncino Rio Grande 19
Peperoncino piccante del Texas 21
Peperoncino all'italiana 23
Mesquite Pollo Chili 25
Poblano di vitello e peperoncino 26
Tortilla al peperoncino facile 27
Spicchi di tortilla 28
Peperoncino in due fasi del Texas 29
Tacos al peperoncino 30
Baked Tortilla Chips 31
Crema di peperoncino 32
Talpa di peperoncino 33
guacamole 34
Peperoncino verde 35
Panna acida al peperoncino e coriandolo 36
Chorizo messicano 37
Peperoncino Chorizo Messico 38

Formaggio e peperoncino bianco con salsa di pomodoro rosso .. *39*

Salsa di pomodoro rosso *40*

Peperoncino Ranchero *41*

Zucca gialla e fagioli cannellini al peperoncino *43*

Peperoncino mediterraneo *45*

Peperoncino con fagioli *47*

Peperoncino con fagioli bianchi e neri *48*

Peperoncino con fagioli e birra *50*

Peperoncino piccante con fagiolini e fusilli *51*

Lenticchie al peperoncino con pancetta e birra *53*

Peperoncino di verdure e lenticchie *54*

Peperoncino vegetariano a base di fagioli bianchi e neri *55*

Fagioli al peperoncino e peperoncino di mais dolce *56*

Peperoncino sin carne *57*

Tortilla al peperoncino *59*

Peperoncino di patate dolci *61*

Peperoncino di artemisia con pomodorini freschi *62*

Fagioli neri, riso e peperoncino di mais dolce *63*

Salsa di peperoncino *64*

Peperoncino caraibico *65*

Salsa al mango *66*

Arrosto di manzo con fettuccine *68*

Roast beef e salsa al rafano *69*

Sauerbraten *71*

Spezzatino arrosto *73*

Torrefazione del caffè *74*

Manzo alla Borgogna *75*

Petto alla griglia *77*
Panino con manzo alla griglia *78*
Miscela di spezie *79*
Bistecca di fianco ripiena di funghi *80*
Petto fritto nella birra *81*
Fianco di manzo ripieno di verdure *83*
Carbonata di manzo *84*
Involtini *86*
Involtini all'italiana *87*
Involtini alla greca *88*
Costolette brasate *89*
Manzo condito con rafano *90*
Polpettone semplice *92*
Polpettone italiano *93*
Polpettone al formaggio piccante *95*
Polpettone con chutney e arachidi *97*
Salsa di uova e limone *99*
Polpettone al limone con uova e salsa al limone *100*
Pane al prosciutto in agrodolce *102*
Manzo semplice con vino e verdure *104*
Foglie di cavolo ripiene *105*
Polpette alla fiorentina *107*
Rigatoni con polpette di melanzane *108*
Polpette di melanzane *109*
Bobotino sudafricano *110*
Manzo di campagna *112*
Manzo abbondante *114*

Casseruola di manzo facile	115
Il manzo alle erbe preferito dalla famiglia	116
Casseruola di manzo e verdure	118
Manzo e funghi	119
Manzo con patate e riso	120
Manzo e zucca con polenta	122
Casseruola Di Manzo Brasato Al Vino	123
Casseruola di manzo al rosmarino	125
Casseruola autunnale con bistecca e patate dolci	127
Manzo e fagioli alla griglia	128
Casseruola di filetto alla paprika con panna acida	129
Stroganoff con carne macinata e verdure	130
Manzo al cumino e peperoncino	132
manzo Borgogna	134
Manzo alla Stroganoff	136
Manzo alla Stroganoff cremoso con riso	137
Manzo e funghi alla Stroganoff	138
Ragù di manzo	139
gulasch di manzo	140
Goulash ungherese	141
Casseruola di manzo al vino Porto	142
Manzo all'ungherese	144
Casseruola di manzo all'italiana	146
Casseruola di manzo alle cinque spezie	148
Manzo asiatico con tagliatelle al sesamo	149
Tagliatelle al sesamo	150
Manzo Teriyaki e broccoli	151

Piatto caldo mediorientale di manzo e fagioli *152*
Casseruola di manzo al curry con focaccine all'erba cipollina .. *153*
Manzo greco con lenticchie *154*
Polpette alla romana con pasta *155*
Polpette alla romana *156*
pasta al ragù *157*
Bistecca in salsa di pomodoro *159*
Verdure dell'orto con gustose polpette *160*
Manzo salato e cavolo rosso *162*
Vitello alla salvia *163*
Porridge di vitello con piselli e funghi *164*
Vitello al Marsala *166*
Vitello e peperone dolce *167*
Vitello al vino *169*
Vitello dolce piccante *170*
Sauvignon di vitello *171*
Vitello Mediterraneo *172*
Polpette di vitello con panna acida e salsa di funghi *173*
Polpette di vitello *174*
Ossa del midollo *175*
Lombo di maiale ripieno di frutta *176*
Lombo di maiale brasato nel latte *178*
Panini di maiale *179*
Arrosto di maiale con chutney di mango *180*
Marmellata di mango *181*
Filetto di maiale con salsa alla senape *182*
salsa di senape *183*

Arrosto di maiale con salsa di marmellata 184
salsa di marmellata 185
Filetto di maiale con salsa di cipolle 186
Filetto di maiale con salsa di pomodoro allo zenzero 188
Condimento di pomodoro allo zenzero 189
Filetto di maiale con coulis di mirtilli rossi 190
Coulis di mirtilli rossi 191
Filetto di maiale con salsa di ciliegie al brandy 192
Salsa di ciliegie al brandy 193
Spalla di maiale fritta con tagliatelle 194
Maiale abbondante strofinato con erbe aromatiche 195
Maiale Teriyaki 196
Tacos di maiale 197
Costolette di maiale con sedano 198
Braciole di maiale Portabella 199
Costolette di maiale con salsa hoisin all'albicocca 200
Costolette di maiale alla salvia 201
Maiale con prugne 202
Maiale con pere e albicocche 203
Maiale alla contadina con salsa di prugne 204
Prosciutto al miele d'arancia 205
Ragù di maiale e zucca 206
Pane all'aglio sano 207
Maiale con peperoni e zucchine 208
Maiale con carciofi e fagioli bianchi 210
Maiale pepato al vino bianco 211
Maiale austriaco con salsa di mele e mirtilli rossi 212

Ragù di maiale all'arancia *213*
Maiale grigliato *214*
Filetto di maiale con gremolata *215*
Gremolata *216*
Maiale cantonese *217*
Maiale delle Cure d'Oro *219*
Maiale caraibico con zenzero e fagioli *221*

Peperoncino Mac

Questo peperoncino non richiede altri contorni, rendendolo un pasto meravigliosamente semplice.

Per 8 persone

450 g di carne macinata magra
Olio, per grasso
2 cipolle, tritate
1 peperone verde, tritato
2 spicchi d'aglio, schiacciati
1-2 cucchiai di peperoncino in polvere o a piacere
2 cucchiaini di cumino macinato
2 cucchiaini di origano secco
2 lattine di '400 g/14 once di pomodori a cubetti'
Barattolo da 400 g / 14 once di fagioli rossi, scolati e sciacquati
175 g di passata di pomodoro
175 ml di birra o acqua
1 cucchiaio di zucchero di canna chiaro
1 cucchiaio di cacao in polvere
Sale e pepe nero appena macinato a piacere
200g/7oz maccheroni cotti
50 g di formaggio Cheddar, grattugiato
2 cipolline, tritate
120 ml di panna acida

Cuocere la carne macinata in una padella ampia con un po' di grasso a fuoco medio fino a quando la carne sarà rosolata, circa 10 minuti, sminuzzando con una forchetta. Unisci la carne di manzo e gli altri ingredienti tranne sale, pepe, maccheroni, formaggio, cipolle verdi e panna acida nella pentola a cottura lenta. Coprire e cuocere a fuoco basso per 6-8 ore. Metti la pentola a cottura lenta a potenza alta, aggiungi i maccheroni e 120 ml di acqua e cuoci per 15 minuti. Condire con sale e pepe. Ricopri ogni ciotola di peperoncino con formaggio, cipolle verdi e panna acida.

Peperoncino di maiale con verdure

Le verdure a foglia aggiungono sostanze nutritive e colore a questo delizioso peperoncino.

Per 8 persone

700 g di carne di maiale macinata magra
2 lattine di 400 g/14 once di fagioli, scolati e sciacquati
2 lattine di '400 g/14 once di pomodori a cubetti'
1 cipolla, tritata
½ cucchiaino di cannella in polvere
½ cucchiaino di cumino macinato
½-1 cucchiaino di scaglie di peperoncino tritato
225 g di cavolo cappuccio o spinaci, tritati grossolanamente
Sale e pepe nero appena macinato a piacere

Cuocere il maiale in una padella ampia con un po' di grasso fino a doratura, circa 10 minuti, spezzettando il maiale con una forchetta. Unisci la carne di maiale e gli altri ingredienti tranne il cavolo riccio, sale e pepe nella pentola a cottura lenta. Coprire e cuocere a fuoco basso per 6-8 ore, mescolando il cavolo riccio negli ultimi 20 minuti. Condire con sale e pepe.

Cile sudoccidentale

Se non hai il peperoncino jalapeño, andrà bene qualsiasi altro tipo di peperoncino piccante.

Per 8 persone

450 g di carne macinata magra
Olio, per grasso
2 cipolle, tritate
1 peperone verde, tritato
2 spicchi d'aglio, schiacciati
1 peperoncino jalapeño, tritato Bene
1-2 cucchiai di peperoncino in polvere o a piacere
2 cucchiaini di cumino macinato
2 cucchiaini di origano secco
2 lattine di '400 g/14 once di pomodori a cubetti'
Una lattina da 400 g/14 once di fagioli neri o borlotti, scolati e sciacquati
175 g di passata di pomodoro
175 ml di birra o acqua
1 cucchiaio di zucchero di canna chiaro
1 cucchiaio di cacao in polvere
Sale e pepe nero appena macinato a piacere
50 g di formaggio Cheddar, grattugiato
2 cipolline, tritate
120 ml di panna acida

coriandolo fresco tritato per guarnire

Cuocere la carne macinata in una padella ampia con un po' di grasso a fuoco medio fino a quando la carne sarà rosolata, circa 10 minuti, sminuzzando con una forchetta. Unisci la carne di manzo e gli altri ingredienti tranne sale, pepe, formaggio, scalogno e panna acida nella pentola a cottura lenta. Coprire e cuocere a fuoco basso per 6-8 ore. Condire con sale e pepe. Ricopri ogni ciotola di peperoncino con formaggio, cipolle verdi, panna acida e un po' di coriandolo.

Filetto di peperoncino

Questo peperoncino super facile contiene carne di maiale tenera e magra e pomodori freschi. Se preferite qualcosa di meno piccante, eliminate il peperoncino in polvere e utilizzate solo peperoncino fresco.

Per 4 persone

450 g di lombo di maiale, a fette (1 cm)
400 ml di brodo di carne
400 g di fagioli borlotti in scatola, scolati e sciacquati
450 g di pomodorini o pomodorini, tagliati a cubetti
2 jalapeño o altri peperoncini medi piccanti, tritati Bene
1 cucchiaio di peperoncino in polvere (facoltativo)
1 cucchiaino di semi di cumino tostati
1 cucchiaino di salsa Worcestershire
Sale e pepe nero appena macinato a piacere

Mescolare tutti gli ingredienti tranne sale e pepe in una pentola a cottura lenta. Coprire e cuocere a fuoco alto per 4-6 ore. Condire con sale e pepe.

Peperoncino con Rajas

Alcuni dicono che i peperoncini Raja Mirchi siano i più piccanti del mondo!

Per 8 persone

2 cipolle
700 g di carne macinata magra
2 lattine di 400 g/14 once di fagioli, scolati e sciacquati
2 lattine di '400 g/14 once di pomodori a cubetti'
½ cucchiaino di cumino macinato
1-2 cucchiai di peperoncino in polvere
½-1 cucchiaino di scaglie di peperoncino tritato
2 peperoncini poblano, tritati magro
1-2 cucchiai di olio d'oliva
Sale e pepe nero appena macinato a piacere

Tritare finemente una cipolla. Cuocere la carne in una padella larga leggermente unta fino a doratura, circa 10 minuti, spezzettandola con una forchetta. Mescolare nella pentola a cottura lenta con il resto degli ingredienti tranne l'olio, il sale, il pepe, il peperoncino e il resto della cipolla. Coprire e cuocere a fuoco basso per 6-8 ore. Tagliare la cipolla rimasta a fettine sottili. Cuocere i peperoncini sott'olio in una padella a fuoco medio per 15-20 minuti fino a quando saranno morbidi e le cipolle saranno caramellate. Condire il composto di manzo con sale e pepe e il composto di peperoncino con sale. Completare il composto di manzo con il composto di peperoncino.

Peperoncino Habanero

Se preferisci un sapore più delicato, sostituiscilo con il peperoncino jalapeño.

Per 4 persone

100 g di salsiccia di maiale, senza budello
Olio, per grasso
400 g di pomodorini a pezzetti in scatola
400 g/14 once possono contenere fagioli fritti
1 cipolla grande, tritata
1 peperone verde medio, tritato
¼–½ Habanero o altro peperoncino piccante, tritato
1 cucchiaio di peperoncino in polvere
1 cucchiaino di cumino macinato
Sale, a piacere
250 ml di panna acida

Cuocere la carne di salsiccia in una padella leggermente unta fino a doratura, circa 5 minuti, sfaldandola con una forchetta. Unisci la carne della salsiccia e gli altri ingredienti, tranne il sale e la panna acida, nella pentola a cottura lenta. Coprire e cuocere a fuoco basso per 4-5 ore. Condire con sale. Servire con panna acida.

Peperoncino Rio Grande

Tante cipolle e un mix di carne macinata e tagliata a cubetti conferiscono a questo peperoncino un sacco di sapore e consistenza.

Per 12 persone

450 g di carne macinata magra
900 g/2 lb di carne di maiale magra, affettata (2 cm/¾ pollice)
400 ml di brodo di carne
2 lattine da 400 g/14 once di fagioli rossi, scolati e sciacquati
2 lattine di '400 g/14 once di pomodori a cubetti'
350 ml di birra o succo di pomodoro
100 g di peperoncini verdi da un barattolo, tritati '
8 cipolle, tritate
6 spicchi d'aglio, schiacciati
25 g di peperoncino in polvere (facoltativo)
1 cucchiaio di cumino macinato
2 cucchiaini di origano secco
Sale e pepe nero appena macinato a piacere
1½ quantità di panna acida peperoncino coriandolo

In una padella larga leggermente unta a fuoco medio-alto, cuocere la carne macinata fino a doratura, spezzettandola con una forchetta. Unisci la carne di manzo e gli altri ingredienti, eccetto sale, pepe e panna acida al coriandolo e peperoncino, in una pentola a cottura lenta da 5,5 litri/9½ pinta. Coprire e cuocere a fuoco basso per 6-8 ore. Condire con sale e pepe. Servire con un filo di panna acida al coriandolo e peperoncino.

Peperoncino piccante del Texas

Salsiccia piccante, peperoncino piccante e tante spezie rendono questo peperoncino particolarmente buono.

Per 8 persone

Salsiccia di maiale piccante da 350 g/12 once, senza budello
700 g di manzo magro affettato spesso
400 g di pomodorini a pezzetti in scatola
400 ml di brodo di carne
400 g/14 once di salsa di pomodoro da un barattolo
Barattolo da 400 g / 14 once di fagioli rossi, scolati e sciacquati
400 g di ceci, scolati e sciacquati
100 g di peperoncino verde tritato da un barattolo, con liquido
1 cipolla grande, tritata
1 jalapeño o peperoncino medio, tritato
2 cucchiai di peperoncino piccante in polvere
½ cucchiaino di cumino macinato
½ cucchiaino di coriandolo
1 cucchiaio di salsa Worcestershire a basso contenuto di sodio
Sale e pepe di cayenna a piacere
Salsa tabasco, a piacere

In una padella larga leggermente unta a fuoco medio-alto, cuocere la carne di salsiccia e la carne macinata fino a doratura, cadendo a pezzi con una forchetta, per circa 10 minuti. Unisci la carne e gli altri ingredienti, eccetto sale, pepe di cayenna e salsa Tabasco, in una pentola a cottura lenta da 5,5 litri/9½ pinta. Coprire e cuocere a fuoco basso per 6-8 ore. Condire con sale, pepe di cayenna e salsa Tabasco.

Peperoncino all'italiana

I peperoni piccanti sono un meraviglioso complemento al maiale e al manzo.

Per 8 persone

Salsiccia di maiale piccante da 350 g/12 once, senza budello
600 g/1 libbra di manzo macinato magro
100 g di peperoni tritati
400 g di pomodorini a pezzetti in scatola
400 ml di brodo di carne
400 g/14 once di salsa di pomodoro da un barattolo
Barattolo da 400 g / 14 once di fagioli rossi, scolati e sciacquati
400 g di ceci, scolati e sciacquati
1 cipolla grande, tritata
2 cucchiai di peperoncino piccante in polvere
1-1½ cucchiaino di condimento alle erbe italiane essiccate
1 cucchiaio di salsa Worcestershire
Sale, a piacere
pepe di cayenna, a piacere
Salsa tabasco, a piacere

In una padella larga leggermente unta a fuoco medio-alto, cuocere la carne di salsiccia e la carne macinata fino a doratura, cadendo a pezzi con una forchetta, per circa 10 minuti. Unisci la carne e gli altri ingredienti, eccetto sale, pepe di cayenna e salsa Tabasco, in una pentola a cottura lenta da 5,5 litri/9½ pinta. Coprire e cuocere a fuoco basso per 6-8 ore. Condire con sale, pepe di cayenna e salsa Tabasco.

Mesquite Pollo Chili

Questo delizioso piatto Tex-Mex diverso piacerà ai più avventurosi!

Per 4 persone

350 g di filetti di petto di pollo senza pelle, affettati nei dadi
2 lattine di '400 g/14 once di pomodori a cubetti'
Barattolo da 400 g / 14 once di fagioli rossi, scolati e sciacquati
225 g/8 once di pomodori, tagliati a cubetti spesso
2 cipolle piccole, tritate
1 peperoncino poblano, tritato
2 cucchiai di peperoncino in polvere
2 cucchiaini di aglio tritato
1 cucchiaino di aroma di fumo di mesquite
Sale e pepe nero appena macinato a piacere

Mescolare tutti gli ingredienti tranne sale e pepe in una pentola a cottura lenta. Coprire e cuocere a fuoco basso per 6-8 ore. Condire con sale e pepe.

Poblano di vitello e peperoncino

La carne macinata, il peperoncino delicato e il mix di spezie lo rendono subito uno dei preferiti.

Per 4 persone

450 g di carne magra di vitello macinata
400 g di pomodorini a pezzetti in scatola
400 g di fagioli cannellini in scatola, scolati e sciacquati
1 cipolla grande, tritata
1 piccolo poblano o altro peperoncino delicato, tritato
1 gambo di sedano, tritato
Pacchetto di 39 g di una combinazione di spezie al peperoncino
Tazze di tortilla (vedi a destra)

Mescolare tutti gli ingredienti tranne le fette di tortilla nella pentola a cottura lenta. Coprire e cuocere a fuoco basso per 6-8 ore. Servire con spicchi di tortilla.

Tortilla al peperoncino facile

Le tortilla chips forniscono croccantezza e consistenza qui.

Per 8 persone

225 g di carne macinata magra
Olio, per grasso
900 ml di brodo di manzo
450 g/1 libbra di salsa pronta leggera o media
400 g/14 once di fagioli in lattina, scolati e sciacquati
4 cipolle, tritate
175 g/6 once di mais dolce, scongelato se congelato
1 cucchiaino di peperoncino in polvere
100 g di tortilla chips, tritate
Sale e pepe nero appena macinato
50 g di formaggio Cheddar, grattugiato

Cuocere la carne in una padella larga unta a fuoco medio-alto fino a doratura, circa 5 minuti, spezzettandola con una forchetta. Unisci la carne di manzo, il brodo, la salsa, i fagioli, le cipolle, il mais e il peperoncino in polvere in una pentola a cottura lenta da 5,5 litri/9½ pinta. Coprire e cuocere a fuoco basso per 6-8 ore. Incorporare le tortilla chips. Condire con sale e pepe. Cospargere di formaggio.

Spicchi di tortilla

Delizioso con piatti messicani.

Per 4 persone come contorno

2 tortillas di farina da 15 cm
25 g di formaggio con peperoncino, grattugiato
25 g di formaggio Cheddar, grattugiato
3 cipolline, tritate
25 g di salsa leggera o piccante
Panna acida, per guarnire

Metti le tortillas su una teglia. Cospargere con formaggio grattugiato e cipolle verdi. Cuocere in forno a 230°C/Gas 8/210°C ventilato finché i bordi delle tortillas saranno dorati e il formaggio sarà sciolto, ovvero 5-7 minuti. Tagliare ogni tortilla in sei pezzi. Ricoprire ciascuno con un cucchiaio di salsa e un pezzetto di panna acida.

Peperoncino in due fasi del Texas

Maiale e tacchino si uniscono in questo piatto semplice e delizioso. Il coriandolo fresco conferisce un'accattivante piccantezza.

Per 4 persone

225 g/8 once di carne di maiale macinata magra
Petto di tacchino a fette da 225g/8oz
8 cipolline, tritate
Olio, per grasso
400 g di fagiolini piccanti in scatola, non sgocciolati
450 g/1 libbra di pomodori, tagliati
1 piccolo jalapeño o altro peperoncino medio piccante, senza semi e tritato
Sale, a piacere
coriandolo fresco tritato va bene per guarnire

Soffriggere il maiale, il tacchino e gli scalogni in una padella ampia con un po' di grasso a fuoco medio-alto finché la carne non sarà dorata, circa 8 minuti, spezzettandola con una forchetta. Unisci il composto di carne e gli ingredienti rimanenti, tranne il sale, nella pentola a cottura lenta. Coprire e cuocere a fuoco basso per 5-6 ore. Condire a piacere. Cospargere ogni ciotola di zuppa con coriandolo fresco.

Tacos al peperoncino

Hominy è disponibile nei mercati etnici o nei fornitori specializzati, oppure puoi aggiungere una lattina di fagioli cannellini.

Per 8 persone

900 g di carne macinata magra
Olio, per grasso
400 g di fagioli borlotti in scatola, scolati e sciacquati
400 g di hominy, scolati e sciacquati
Una lattina da 400 g / 14 once di "pomodori tritati", non sgocciolati
275 g/10 once di pomodori in scatola a cubetti con pepe, con succo
225 g di mais dolce in scatola, sgocciolato
1 cipolla grande, tritata
2 gambi di sedano, tritati
Pacchetto di Miscela da 35 g condimento per tacos
1 spicchio d'aglio, schiacciato
½ cucchiaino di timo secco
Contorni: panna acida, formaggio cheddar grattugiato, patatine di taco

Friggere la carne macinata in una padella ampia con un po' di grasso fino a doratura, circa 10 minuti, sfaldandola con una forchetta. Unisci la carne di manzo e gli altri ingredienti nella pentola a cottura lenta. Coprire e cuocere a fuoco basso per 6-8 ore. Servire con contorni.

Baked Tortilla Chips

Prepara le tue tortilla chips: è facilissimo.

Per 6 persone come contorno

Tortilla di mais 6 x 15 cm/6 pollici
Spray da cucina per verdure
un pizzico di cumino macinato
un pizzico di peperoncino in polvere
un pizzico di origano secco
un pizzico di paprika
Sale e pepe di cayenna a piacere

Tagliare ogni tortilla in otto spicchi. Disporre in un unico strato su una teglia. Spruzzare le tortillas con spray da cucina. Cospargere leggermente con le erbe aromatiche combinate, la paprika, il sale e il pepe di cayenna. Cuocere in forno a 180°C/Gas 4/160°C ventilato fino a leggera doratura, 5-7 minuti.

Crema di peperoncino

Peperoncino leggermente diverso: preparato con zuppa in scatola!

Per 6 persone

450 g di filetti di petto di pollo senza pelle, tagliati a cubetti (2 cm)
275 g/10 oz di crema pronta di brodo di pollo
120 ml/4 fl oz salsa di pomodoro pronta
1 cipolla, tritata
3 cipolline, tritate
½ peperone rosso, tritato
1 piccolo jalapeño o altro peperoncino medio piccante, senza semi e tritato finemente
2 spicchi d'aglio, schiacciati
100 g di peperoncino verde tritato da un barattolo, sgocciolato
1 cucchiaio di peperoncino in polvere
½ cucchiaino di cumino macinato
250 ml di latte parzialmente scremato
Sale e pepe nero appena macinato a piacere
50 g/2 once di formaggio Monterey Jack o Cheddar, grattugiato
Tortilla Chips al forno (vedi a sinistra)

Unisci tutti gli ingredienti tranne il latte, il sale, il pepe, il formaggio e le tortilla chips al forno in una pentola a cottura lenta. Coprire e cuocere a fuoco basso per 6-8 ore, aggiungendo il latte negli ultimi 20 minuti. Condire con sale e pepe. Cospargere ogni ciotola di peperoncino con formaggio. Servire con tortilla chips al forno.

Talpa di peperoncino

Questo peperoncino colpisce per il gusto affascinante della tradizionale talpa messicana. Usa pollo, maiale o manzo o una combinazione delle tre carni.

Per 6 persone

450 g/1 libbra di maiale magro, magro, affettato
250 ml di brodo di pollo
400 g di pomodorini a pezzetti in scatola
Lattina da 400 g/14 once di fagioli neri, scolati e sciacquati
Salsa di talpa
Sale e pepe nero appena macinato a piacere
Guacamole (vedi sotto)
coriandolo fresco tritato va bene per guarnire

Mescolare tutti gli ingredienti tranne sale, pepe e guacamole in una pentola a cottura lenta. Coprire e cuocere a fuoco basso per 6-8 ore. Condire con sale e pepe. Ricopri ogni ciotola di peperoncino con il guacamole. Cospargere generosamente con coriandolo fresco.

guacamole

Tradizionalmente con piatti a base di peperoncino.

Per 6 persone come contorno

1 avocado maturo, schiacciato grossolanamente
½ cipolla piccola, tritata finemente
½ jalapeño o altro peperoncino medio piccante, senza semi e tritato finemente
1 cucchiaio di coriandolo fresco tritato Bene
Salsa tabasco, a piacere
Sale, a piacere

Mescolare avocado, cipolla, peperoncino e coriandolo. Condire con salsa Tabasco e sale.

Peperoncino verde

Questo "peperoncino verde" è fatto con i tomatillos, chiamati anche pomodori verdi messicani. Sono disponibili in lattina nei mercati etnici e da fornitori specializzati.

Per 8 persone

450 g/lb di carne di maiale magra disossata, tagliata a dadini (1 cm/½ pollice)
900 ml di brodo di pollo
2 barattoli da 400 g/14 once di fagioli cannellini, scolati e sciacquati
100-225 g di peperoncini verdi da un barattolo, tritati
250 ml di acqua
900 g di pomodori in scatola, tagliati in quarti
2 cipolle grandi, tritate magro
6-8 spicchi d'aglio, tritati
2 cucchiaini di cumino macinato
25 g di coriandolo fresco, tritato
Panna acida al peperoncino e coriandolo (vedi sotto)

Unisci tutti gli ingredienti tranne il coriandolo e la panna acida al coriandolo e peperoncino in una pentola a cottura lenta da 5,5 litri/9½ pinta. Coprire e cuocere a fuoco basso per 6-8 ore. Mescolare il coriandolo. Servire con panna acida al coriandolo e peperoncino.

Panna acida al peperoncino e coriandolo

Si sposa perfettamente con piatti speziati.

Sufficiente come contorno per 8 persone

120 ml di panna acida
1 cucchiaio di coriandolo fresco tritato
1 cucchiaino di jalapeño sott'aceto o altro peperoncino medio piccante

Mescola tutti gli ingredienti insieme.

Chorizo messicano

Questa non è una ricetta a cottura lenta, ma costituisce la base per molti piatti deliziosi, come quello qui sotto.

Per 6 persone

½ cucchiaino di semi di coriandolo, tritati
½ cucchiaino di cumino, macinato
Olio, per grasso
2 acciughe secche o peperoncini medi piccanti
700 g di lombo di maiale, tagliato a fette fine o tritato
4 spicchi d'aglio, schiacciati
2 cucchiai di paprika
2 cucchiai di aceto di mele
2 cucchiai di acqua
1 cucchiaino di origano secco
½ cucchiaino di sale

Cuocere i semi di coriandolo e il cumino in una padella piccola con il grasso a fuoco medio, mescolando spesso, fino a tostarli, per 2-3 minuti. Togliere dalla padella e riservare. Aggiungi i peperoncini ancho nella padella. Friggere a fuoco medio per circa un minuto su ciascun lato fino a quando i peperoncini saranno morbidi. Girare spesso i peperoncini per evitare che brucino. Rimuovere ed eliminare steli, vene e semi. Tritare finemente. Mescolare bene tutti gli ingredienti.

Peperoncino Chorizo Messico

Il chorizo può essere utilizzato in molte ricette messicane o formato in polpette e cucinato come piatto principale per la cena.

Per 6 persone

Chorizo messicano (vedi sopra)
1 cipolla, tritata
Olio, per grasso
2 lattine di '400 g/14 once di pomodori a cubetti'
2 lattine da 400 g/14 once di fagioli borlotti o neri, scolati e sciacquati
Sale e pepe a piacere

Cuocere il chorizo e la cipolla messicana in una padella ampia leggermente unta a fuoco medio fino a doratura, per 8-10 minuti, sfaldandosi con una forchetta. Unisci il chorizo e gli altri ingredienti, tranne sale e pepe, nella pentola a cottura lenta. Coprire e cuocere a fuoco basso per 4-6 ore. Condire con sale e pepe.

Formaggio e peperoncino bianco con salsa di pomodoro rosso

Questo peperoncino bianco è reso ancora più cremoso con l'aggiunta di panna acida e formaggio Monterey Jack o Cheddar.

Per 8 persone

700 g di filetti di petto di pollo senza pelle, affettati Inoltre
2 barattoli da 400 g/14 once di fagioli cannellini, scolati e sciacquati
400 ml di brodo di pollo
100 g di peperoncino verde tritato da un barattolo, scolato
4 cipolle, tritate
1 cucchiaio di aglio tritato
1 cucchiaio di origano secco
1 cucchiaino di cumino macinato
250 ml di panna acida
225 g/8 once di formaggio Monterey Jack o Cheddar, grattugiato
Sale e pepe di cayenna a piacere
Salsa di pomodoro rosso

Unisci tutti gli ingredienti tranne la panna acida, il formaggio, il sale, il pepe di cayenna e la salsa di pomodoro rosso nella pentola a cottura lenta. Coprire e cuocere a fuoco basso per 6-8 ore. Incorporate la panna acida e il formaggio e mescolate finché il formaggio non si scioglie. Condire con sale e pepe di cayenna. Servire con salsa di pomodoro rosso.

Salsa di pomodoro rosso

Ottima salsa con un piccolo boccone.

Sufficiente come contorno per 8 persone

2 pomodori grandi, tritati
1 cipolla piccola, tritata Bene
1 peperone verde, tritato finemente
2 cucchiai di poblano tritato finemente o altri peperoncini delicati
1 spicchio d'aglio, schiacciato
2 cucchiai di coriandolo fresco tritato Bene
Sale, a piacere

Mescolare tutti gli ingredienti e aggiustare di sale.

Peperoncino Ranchero

Peperoncino abbondante con sapori del selvaggio West. Sicuramente qualcosa per i ragazzi!

Per 6 persone

450 g di carne macinata magra
100 g di salsiccia affumicata, affettata
Olio, per grasso
600 ml/1 litro di brodo di manzo
250 ml/8 fl oz di birra o brodo di manzo aggiuntivo
450 g / 1 libbra di pomodori a pezzetti, non scolati
Barattolo da 400 g/14 oz di fagioli al peperoncino in salsa di peperoncino
400 g di fagioli borlotti in scatola, scolati e sciacquati
1 cipolla, tritata
1 peperone verde, tritato
1 peperoncino jalapeño, tritato Bene
3 spicchi d'aglio grandi, schiacciati
1 cucchiaio di cumino macinato
3 cucchiai di peperoncino in polvere, oppure a piacere
1 cucchiaino di origano secco
Sale e pepe nero appena macinato
Panna acida, per guarnire

Cuocere la carne di manzo e la salsiccia in una padella unta a fuoco medio fino a doratura, circa 8 minuti, rompendole con una forchetta. Mescolare con il resto degli ingredienti tranne il sale e il pepe nella pentola a cottura lenta. Coprire e cuocere a fuoco basso per 6-8 ore. Condire con sale e pepe. Ricoprire ogni porzione con una cucchiaiata di panna acida.

Zucca gialla e fagioli cannellini al peperoncino

Ricco di verdure e carne di maiale, questo peperoncino audace è un ottimo pasto in famiglia. Puoi usate anche le zucchine gialle al posto della zucca.

Per 6 persone

450 g/1 libbra di carne di maiale macinata magra
Olio, per grasso
1 litro di brodo di pollo
250 ml di vino bianco secco o brodo di pollo
100 g di fagioli cannellini secchi
100 g di ceci secchi
2 cipolle, tritate
1 peperone giallo, tritato
100 g di porri, tagliati a fettine sottili
175 g di zucca estiva gialla, ad es. B. in una padella, affettato dado
175 g di patate a pasta cerosa, sbucciate e tritate dado
2 spicchi d'aglio, schiacciati
2 cucchiaini di jalapeño tritato finemente o altri peperoncini mediamente piccanti
2 cucchiaini di semi di cumino
1 cucchiaino di origano secco
1 cucchiaino di peperoncino in polvere

½ cucchiaino di coriandolo macinato
½ cucchiaino di cannella in polvere
1 foglia di alloro
Sale e pepe nero appena macinato a piacere
1 pomodoro piccolo, tritato Bene
2 cipolline, affettate sottilmente
3 cucchiai di coriandolo fresco tritato finemente

Cuocere il maiale in una padella larga leggermente unta fino a doratura, circa 8 minuti, spezzettandolo con una forchetta. Unisci la carne di maiale e gli altri ingredienti tranne sale, pepe, pomodori a cubetti, scalogno e coriandolo fresco in una pentola a cottura lenta da 5,5 litri/9½ pinta. Coprire e cuocere a fuoco basso fino a quando i fagioli saranno teneri, 7-8 ore. Condire con sale e pepe. Scartare la foglia di alloro. Cospargere ogni ciotola di peperoncino con pomodori, cipolline e coriandolo fresco.

Peperoncino mediterraneo

Questa svolta rispetto alla ricetta standard del peperoncino è ricca di verdure e legumi sani.

Per 6 persone

450 g/1 libbra di agnello macinato o manzo magro
Olio, per grasso
1 litro di brodo di pollo
250 ml di vino bianco secco o brodo di pollo
100 g di fagioli cannellini secchi
100 g di ceci secchi
2 cipolle, tritate
1 peperone giallo, tritato
200 g di olive Kalamata o altre olive nere, tritate
100 g di porri, tagliati a fettine sottili
175 g di zucca estiva gialla, ad es. B. tortino o zucchine gialle, affettate
175 g di patate a pasta cerosa, sbucciate e tritate dado
2 spicchi d'aglio, schiacciati
2 cucchiaini di jalapeño tritato finemente o altri peperoncini mediamente piccanti
2 cucchiaini di semi di cumino

1 cucchiaino di origano secco
1 cucchiaino di peperoncino in polvere
½ cucchiaino di coriandolo macinato
½ cucchiaino di cannella in polvere
1 foglia di alloro
Sale e pepe nero appena macinato a piacere
175 g di cous cous
1 pomodoro piccolo, tritato Bene
2 cipolline, affettate sottilmente
3 cucchiai di coriandolo fresco tritato finemente
6 cucchiai di formaggio feta sbriciolato

Cuocere l'agnello o il manzo in una padella ampia con un po' di grasso fino a doratura, circa 8 minuti, spezzettandolo con una forchetta. Unisci la carne e gli altri ingredienti tranne sale, pepe, pomodori a cubetti, scalogno, coriandolo fresco, couscous e feta in una pentola a cottura lenta da 5,5 litri/9½ pinta. Coprire e cuocere a fuoco basso fino a quando i fagioli saranno teneri, 7-8 ore. Condire con sale e pepe. Preparare il cous cous seguendo le istruzioni sulla confezione. Rimuovere la foglia di alloro dal composto di peperoncino. Servire il peperoncino sopra il couscous e guarnire ogni porzione con i pomodori, gli scalogni, il coriandolo fresco e la feta.

Peperoncino con fagioli

Questo semplice peperoncino di manzo e tacchino è ottimo per tornare a casa alla fine di una giornata impegnativa.

Per 8 persone

450 g di carne macinata magra
450 g di tacchino macinato
Olio, per grasso
2 cipolle grandi, tritate
3 spicchi d'aglio, schiacciati
175 g di passata di pomodoro
550 g di salsa di pomodoro alle erbe da un barattolo
2 lattine di 400 g/14 once di fagioli, scolati e sciacquati
2 cucchiai di peperoncino in polvere, oppure a piacere
1 cucchiaino di origano secco
Sale e pepe nero appena macinato a piacere

Cuocere la carne macinata e il tacchino in una padella larga leggermente unta a fuoco medio fino a quando la carne sarà dorata, circa 10 minuti, spezzettando la carne con una forchetta. Unisci la carne e gli altri ingredienti, eccetto sale e pepe, nella pentola a cottura lenta. Coprire e cuocere a fuoco basso per 6-8 ore. Condire con sale e pepe.

Peperoncino con fagioli bianchi e neri

Questo peperoncino è preparato con fagioli neri e fagioli cannellini ed è accentuato nel sapore e nel colore dai pomodori secchi.

Per 4 persone

350 g/12 once di carne macinata magra
Olio, per grasso
2 lattine di '400 g/14 once di pomodori a cubetti'
400 g di fagioli cannellini in scatola, scolati e sciacquati
Lattina da 400 g/14 once' fagioli neri o fagioli rossi, scolati e sciacquati
2 cipolle, tritate
½ peperone verde, tritato
15 g di pomodori secchi (non sott'olio), tritati
1 jalapeño o peperoncino medio piccante, tritato finemente
2 spicchi d'aglio, schiacciati
2-3 cucchiai di peperoncino in polvere, oppure a piacere
1-1½ cucchiaino di cumino macinato
1-1½ cucchiaino di origano secco
1 foglia di alloro
Sale e pepe nero appena macinato a piacere
15 g di coriandolo fresco, tritato finemente

Cuocere la carne in una padella larga leggermente unta a fuoco medio fino a doratura, 8-10 minuti, spezzettandola con una forchetta. Unisci la carne di manzo e gli altri ingredienti tranne sale, pepe e coriandolo fresco nella pentola a cottura lenta. Coprire e cuocere a fuoco basso per 6-8 ore. Scartare la foglia di alloro. Condire con sale e pepe. Mescolare il coriandolo fresco.

Peperoncino con fagioli e birra

Questo peperoncino è molto facile da preparare. La birra conferisce alla salsa un sapore più ricco che migliora solo con una cottura più lunga.

Per 6 persone

450 g di carne macinata magra
Olio, per grasso
600 ml/1 litro di brodo di manzo
250 ml di birra
450 g / 1 libbra di pomodori a pezzetti, non scolati
Barattolo da 400 g/14 oz di fagioli al peperoncino in salsa di peperoncino
400 g di fagioli borlotti in scatola, scolati e sciacquati
3 spicchi d'aglio grandi, schiacciati
1 cucchiaio di cumino macinato
3 cucchiai di peperoncino in polvere, oppure a piacere
1 cucchiaino di origano secco
Sale e pepe nero appena macinato a piacere

Cuocere la carne macinata in una padella larga leggermente unta a fuoco medio fino a doratura, circa 8 minuti, quando viene forata con una forchetta. Mescolare la carne macinata e gli altri ingredienti, tranne sale e pepe, nella pentola a cottura lenta.

Coprire e cuocere a fuoco basso per 6-8 ore. Condire con sale e pepe.

Peperoncino piccante con fagiolini e fusilli

Usa le tue forme preferite di fagioli e noodles in questo versatile peperoncino.

Per 8 persone

450 g di carne macinata magra

Olio, per grasso

2 lattine di 400 g di pomodori a cubetti con aglio

400 g di ceci in scatola, scolati e sciacquati

Barattolo da 400 g / 14 once di fagioli rossi, scolati e sciacquati

4 cipolle, tritate

100 g di funghi, tritati

1 gambo di sedano, tritato

120 ml di vino bianco o acqua

2 cucchiai di peperoncino in polvere, oppure a piacere

¾ cucchiaino di origano secco

¾ cucchiaino di timo secco

¾ cucchiaino di cumino macinato

225 g di fusilli, cotti

Sale e pepe nero appena macinato a piacere

3-4 cucchiai di olive verdi o nere a fette

Cuocere la carne in una padella larga leggermente unta a fuoco medio fino a doratura, 8-10 minuti, spezzettandola con una forchetta. Unisci la carne di manzo e gli altri ingredienti, tranne i fusilli, il sale, il pepe e le olive, in una pentola a cottura lenta da 5,5 litri/9½ pinta. Coprire e cuocere a fuoco basso per 6-8 ore, aggiungendo la pasta negli ultimi 20 minuti. Condire con sale e pepe. Cospargere ogni ciotola di zuppa con le olive.

Lenticchie al peperoncino con pancetta e birra

Lime, birra e bacon rendono questo peperoncino diverso e delizioso.

Per 4 persone

750 ml di brodo di manzo
250 ml di brodo di birra o di manzo
75 g di lenticchie secche, sciacquate
75 g di fagioli neri secchi, sciacquati
1 cipolla media, tritata
3 spicchi d'aglio grandi, schiacciati
1 cucchiaio di jalapeno tritato finemente o altro peperoncino medio piccante
1 cucchiaio di peperoncino in polvere
1 cucchiaino di cumino macinato
1 cucchiaino di rosmarino essiccato, tritato
225 g di pomodori a pezzetti in scatola
Succo di 1 lime
Sale e pepe nero appena macinato a piacere
4 fette di pancetta, fritte fino a renderle croccanti e sbriciolate

Unisci tutti gli ingredienti tranne i pomodori, il succo di lime, il sale, il pepe e la pancetta in una pentola a cottura lenta. Coprire e cuocere a fuoco alto fino a quando i fagioli saranno teneri, 5-6 ore, aggiungendo i pomodori negli ultimi 30 minuti. Mescolare il succo di lime. Condire con sale e pepe. Cospargere ogni ciotola di peperoncino con la pancetta.

Peperoncino di verdure e lenticchie

Le lenticchie aggiungono una consistenza eccezionale a questo peperoncino senza carne nutriente e saziante.

Per 4 persone

Brodo vegetale 1 litro
250 ml di acqua
400 g di pomodorini a pezzetti in scatola
130 g/4½ oz lenticchie marroni secche
100 g/4 once di mais dolce, scongelato se congelato
2 cipolle, tritate
1 peperone rosso o verde, tritato
1 carota piccola, tritata
½ gambo di sedano, tritato
1 spicchio d'aglio, schiacciato
½-1 cucchiaio di peperoncino in polvere
¾ cucchiaino di cumino macinato
1 foglia di alloro
Sale e pepe nero appena macinato a piacere

Mescolare tutti gli ingredienti tranne sale e pepe in una pentola a cottura lenta. Coprire e cuocere a fuoco basso per 6-8 ore. Scartare la foglia di alloro. Condire con sale e pepe.

Peperoncino vegetariano a base di fagioli bianchi e neri

I fagioli bianchi e neri aggiungono consistenza e un aspetto attraente a questo peperoncino vegetariano. Il suo sapore piccante deriva dai semi di cumino tostati.

Per 4 persone

450 ml di succo di pomodoro
Brodo vegetale 250 ml
2 cucchiai di concentrato di pomodoro
Lattina da 400 g/14 once di fagioli neri, scolati e sciacquati
400 g di fagioli cannellini o bianchi in scatola, scolati e sciacquati
1 cipolla, tritata
1 peperoncino dolce, senza semi e tritato finemente
1 cucchiaino di paprica
1 cucchiaino di semi di cumino tostati
50 g di riso selvatico, cotto
Sale e pepe nero appena macinato a piacere

Unisci tutti gli ingredienti tranne il riso selvatico, sale e pepe in una pentola a cottura lenta. Coprire e cuocere a fuoco basso per 6-8 ore, aggiungendo il riso selvatico negli ultimi 30 minuti. Condire con sale e pepe.

Fagioli al peperoncino e peperoncino di mais dolce

Questo peperoncino facile è davvero piccante! Per un'opzione meno piccante, sostituisci i fagioli al peperoncino con una lattina di fagioli borlotti o rossi scolati e sciacquati.

Per 4 persone

Barattolo da 400 g/14 once di fagioli al peperoncino
Brodo vegetale 250 ml
400 g di pomodorini a pezzetti in scatola
1 peperone verde, tritato
100 g/4 once di mais dolce, scongelato se congelato
1 cipolla, tritata
2 spicchi d'aglio, schiacciati
1-3 cucchiaini di peperoncino in polvere
Sale e pepe nero appena macinato a piacere

Mescolare tutti gli ingredienti tranne sale e pepe in una pentola a cottura lenta. Coprire e cuocere a fuoco basso per 6-8 ore. Condire con sale e pepe.

Peperoncino sin carne

La varietà di condimenti rende divertente questo servizio di peperoncino: aggiungi anche altri condimenti, come pepe e pomodori a cubetti, oltre all'origano fresco tritato. o coriandolo fresco.

Per 6-8 persone

6 barattoli di '400g/14oz pomodori a cubetti'
Barattolo da 400 g / 14 once di fagioli rossi, scolati e sciacquati
175 g di passata di pomodoro
175 ml di birra o acqua
350g/12oz Soia tritata aromatizzata con Quorn o manzo
2 cipolle, tritate
1 peperone verde, tritato
2 spicchi d'aglio, schiacciati
1 cucchiaio di zucchero di canna chiaro
1 cucchiaio di cacao in polvere
1-2 cucchiai di peperoncino in polvere
1-2 cucchiaini di cumino macinato
1-2 cucchiaini di origano secco
¼ cucchiaino di chiodi di garofano macinati
Sale e pepe nero appena macinato a piacere
Condimento: formaggio grattugiato, panna acida, cipolle verdi affettate sottilmente

Unisci tutti gli ingredienti tranne sale e pepe in una pentola a cottura lenta da 5,5 litri/9½ pinta. Coprire e cuocere a fuoco basso per 6-8 ore. Condire con sale e pepe. Servire con condimenti.

Tortilla al peperoncino

Un delizioso piatto di pomodoro cosparso di tortilla chips.

Per 6-8 persone

6 barattoli di '400g/14oz pomodori a cubetti'
Una lattina da 400 g/14 once di fagioli neri o borlotti, scolati e sciacquati
175 g di passata di pomodoro
175 ml di birra o acqua
350g/12oz Soia tritata aromatizzata con Quorn o manzo
2 cipolle, tritate
1 jalapeño o peperoncino medio piccante, tritato finemente
1 peperone verde, tritato
2 spicchi d'aglio, schiacciati
1 cucchiaio di zucchero di canna chiaro
1 cucchiaio di cacao in polvere
1-2 cucchiai di peperoncino in polvere
1-2 cucchiaini di cumino macinato
1-2 cucchiaini di origano secco
¼ cucchiaino di chiodi di garofano macinati
Sale e pepe nero appena macinato a piacere
tortilla chips tritate e foglie di coriandolo fresco tritate per guarnire

Unisci tutti gli ingredienti tranne sale, pepe e guarnizioni in una pentola a cottura lenta da 5,5 litri/9½ pinta. Coprire e cuocere a fuoco basso per 6-8 ore. Condire con sale e pepe. Servire cosparso di tortilla chips e coriandolo.

Peperoncino di patate dolci

Se sei un fan del cibo messicano, puoi farlo ti consigliamo di aggiungere peperoncini chipotle - peperoncini jalapeño secchi e affumicati - in salsa adobo alla tua dispensa. Sono disponibili presso i rivenditori specializzati. Assaggia prima di aggiungere altri ingredienti perché possono essere molto caldi!

Per 4 persone

2 barattoli da 400 g/14 once di fagioli neri, scolati e sciacquati
400 g di pomodorini a pezzetti in scatola
250 ml di acqua o brodo vegetale
500 g di patate dolci, sbucciate e tagliate a cubetti
2 cipolle, tritate
1 peperone verde, tritato
1 cm/½ pezzo di radice di zenzero fresca, grattugiata finemente
1 spicchio d'aglio, schiacciato
1 cucchiaino di cumino, macinato
½–1 piccolo peperoncino chipotle in salsa adobo, tritato
Sale, a piacere

Unisci tutti gli ingredienti tranne il peperoncino chipotle e il sale in una pentola a cottura lenta. Coprire e cuocere a fuoco basso per 6-8 ore, aggiungendo il peperoncino chipotle negli ultimi 30 minuti. Condire con sale.

Peperoncino di artemisia con pomodorini freschi

Pomodori freschi e salvia secca donano a questo peperoncino un tocco speciale. Scegli i pomodori maturi durante la stagione per il miglior sapore.

Per 4 persone

2 barattoli da 400 g/14 once di piselli dall'occhio neri, scolati e sciacquati

750 g di pomodori, tagliati a spicchi

4 cipolline, tritate

8 spicchi d'aglio, tritati magro

1 grande peperoncino rosso piccante, arrostito, senza semi e tritato Bene

½-2 cucchiai di peperoncino in polvere

1 cucchiaino di cumino macinato

1 cucchiaino di coriandolo macinato

¾ cucchiaino di salvia secca

Sale e pepe nero appena macinato a piacere

Mescolare tutti gli ingredienti tranne sale e pepe in una pentola a cottura lenta. Coprire e cuocere a fuoco basso per 8-9 ore. Condire con sale e pepe.

Fagioli neri, riso e peperoncino di mais dolce

Per un assaggio della cucina messicana, usa i fagioli neri in questo peperoncino vegetariano facile e veloce, ma funzionano anche i fagioli rossi.

Per 4 persone

2 lattine di '400 g/14 once di pomodori a cubetti'
Lattina da 400 g/14 once di fagioli neri, scolati e sciacquati
50 g di mais dolce, scongelato se congelato
3 cipolle, tritate
1 peperone rosso grande, tritato
1 jalapeño o peperoncino medio piccante, tritato finemente
3 spicchi d'aglio, schiacciati
½-1 cucchiaio di peperoncino in polvere
1 cucchiaino di pimento macinato
25 g di riso, cotto
Sale e pepe nero appena macinato a piacere

Mescolare tutti gli ingredienti tranne il riso, sale e pepe in una pentola a cottura lenta. Coprire e cuocere a fuoco basso per 8-9 ore, aggiungendo il riso negli ultimi 15 minuti. Condire con sale e pepe.

Salsa di peperoncino

La salsa pronta è comoda da tenere in dispensa per aggiungere sapore e consistenza a piatti come questo.

Per 4 persone

400 g di pomodorini a pezzetti in scatola
Barattolo da 400 g / 14 once di fagioli rossi, scolati e sciacquati
250 ml di acqua
120 ml/4 fl oz di salsa pronta media o piccante
50 g di mais dolce, scongelato se congelato
½-1 cucchiaio di peperoncino in polvere
½–1 cucchiaino di jalapeño o altro peperoncino medio piccante, tritato finemente
90 g di orzo perlato
Sale e pepe nero appena macinato a piacere
50 g di formaggio cheddar stagionato, grattugiato

Unisci tutti gli ingredienti tranne l'orzo, il sale, il pepe e il formaggio in una pentola a cottura lenta. Coprire e cuocere a fuoco basso per 6-8 ore, aggiungendo il malto negli ultimi 40 minuti. Condire con sale e pepe. Cospargere ogni ciotola con formaggio grattugiato.

Peperoncino caraibico

Questo abbondante peperoncino a tre fagioli senza carne è arricchito con salsa di mango. Servire con riso integrale se lo si desidera.

Per 6 persone

2 lattine di '400 g/14 once di pomodori a cubetti'
400 g di fagioli borlotti in scatola, scolati e sciacquati
400 g di fagioli cannellini in scatola, scolati e sciacquati
Lattina da 400 g/14 once di fagioli neri, scolati e sciacquati
2 peperoni rossi o verdi, tritati
2 cipolle, tritate
1 jalapeño o peperoncino medio piccante, tritato finemente
2 cm/¾ pezzo di radice di zenzero fresca, grattugiata finemente
2 cucchiaini di zucchero
3 spicchi d'aglio grandi, schiacciati
1 cucchiaio di cumino macinato
2 cucchiai di paprika
½-2 cucchiai di peperoncino in polvere
¼ cucchiaino di chiodi di garofano macinati
1 cucchiaio di succo di lime
Sale e pepe nero appena macinato a piacere
Salsa di mango (vedi sotto)

Unisci tutti gli ingredienti tranne sale, pepe e salsa di mango in una pentola a cottura lenta da 5,5 litri/9½ pinta. Coprire e cuocere a fuoco basso per 6-8 ore. Condire con sale e pepe. Servire con salsa di mango.

Salsa al mango

Una meravigliosa salsa dolce e piccante che viene servita con piatti piccanti.

Per 6 persone come contorno

1 mango, tritato
1 banana, a fette
15 g di coriandolo fresco, tritato
½ jalapeño piccolo o altro peperoncino medio piccante, tritato finemente
1 cucchiaio di succo concentrato di ananas o arancia
1 cucchiaino di succo di lime

Mescola tutti gli ingredienti insieme.

Arrosto di manzo con fettuccine

Tagliate questo arrosto cotto alla perfezione e servitelo con le fettuccine.

Per 8 persone

1 filetto di manzo disossato, ad es. B. con piano (circa 1,5 kg)
Sale e pepe nero appena macinato a piacere
2 cipolle, tritate
120 ml di brodo di carne
50 g di piccoli pois congelati, scongelati
1 cucchiaio di amido di mais
2 cucchiai di acqua
50 g di parmigiano o formaggio romano grattugiato fresco
450 g di fettuccine, cotte, calde

Cospargere leggermente la carne con sale e pepe. Aggiungere al fornello con cipolle e brodo. Inserire un termometro per carne in modo che la punta sia al centro dell'arrosto. Coprire e cuocere a fuoco basso finché il termometro per carne non segna 68 °C (145 °F), circa 4 ore. Disporre su un piatto da portata e coprire liberamente con un foglio di alluminio.

Aggiungi i piselli nella pentola a cottura lenta. Coprire e cuocere a fuoco alto per 10 minuti. Mescolare l'amido di mais e l'acqua e mescolare per 2-3 minuti. Mescolare il formaggio. Condire con sale e pepe. Condire con le fettuccine e servire con la carne di manzo.

Roast beef e salsa al rafano

Se preferisci, puoi utilizzando il formaggio romano al posto del parmigiano. Usa più o meno rafano secondo i tuoi gusti.

Per 8 persone

1 filetto di manzo disossato, ad es. B. con piano (circa 1,5 kg)
Sale e pepe nero appena macinato a piacere
2 cipolle, tritate
120 ml di brodo di carne
50 g di piccoli pois congelati, scongelati
1 cucchiaio di amido di mais
2 cucchiai di acqua
50 g di parmigiano grattugiato fresco
2 cucchiai di rafano preparato
un pizzico generoso di pepe di cayenna
250 ml di panna montata

Cospargere leggermente la carne con sale e pepe. Aggiungere al fornello con cipolle e brodo. Inserire un termometro per carne in modo che la punta sia al centro dell'arrosto. Coprire e cuocere a fuoco basso finché il termometro per carne non segna 68 °C (145 °F), circa 4 ore. Disporre su un piatto da portata e coprire liberamente con un foglio di alluminio.

Aggiungi i piselli nella pentola a cottura lenta. Coprire e cuocere a fuoco alto per 10 minuti. Mescolare l'amido di mais e l'acqua e mescolare per 2-3 minuti. Unire il parmigiano. Condire con sale e pepe. Mescolare insieme il rafano, il pepe di cayenna e la panna montata e servire con la carne di manzo.

Sauerbraten

Più a lungo lasci marinare la carne, più sarà gustosa. Molte ricette di sauerbraten non contengono panna acida: lasciala fuori se preferisci.

Per 8-10 persone

450 ml/¾ pinta di acqua
250 ml di vino rosso secco
1 cipolla grande, tritata magro
2 cucchiai di spezie per marinatura
12 denti completi
12 peperoni
2 foglie di alloro
1 cucchiaino e mezzo di sale
1 filetto di manzo disossato, ad es. B. Fesa o Silverside (circa 1,5 kg)
Biscotti allo zenzero e noci 75 g/3 once, tritati finemente
150 ml di panna acida
2 cucchiai di amido di mais

Portare a ebollizione l'acqua, il vino, le cipolle, le spezie e il sale in una padella capiente. È bello. Versare il composto sulla carne nella pentola a cottura lenta. Mettete la pentola coperta in frigo per almeno un giorno.

Metti la pentola nella pentola a cottura lenta. Coprire e cuocere a fuoco basso per 6-8 ore. Disporre la carne su un piatto da portata e tenere in caldo. Mescolare i biscotti allo zenzero nel brodo. Incorporate la panna acida e l'amido di mais e mescolate per 2-3 minuti. Servire la salsa sopra la carne affettata.

Spezzatino arrosto

Un brasato con verdure è imbattibile per un pasto quando fa freddo: aggiungi vino rosso per un sapore extra.

Per 8 persone

Bistecca brasata da 1,5 kg
2 cipolle grandi, dimezzate e tagliate a dadini
1 confezione di 'miscela di' zuppa di cipolle
450 g di carote, tagliate a fette spesse
1 kg di patate alla cera, non sbucciate
½ cavolo piccolo, tagliato in 6-8 spicchi
Sale e pepe nero appena macinato a piacere
120 ml di vino rosso secco o brodo di manzo

Metti la carne sopra le cipolle in una pentola a cottura lenta. 5,5 litri/9½ pinte e cospargere con il composto per la zuppa. Disporre le verdure attorno alla carne e cospargerle leggermente di sale e pepe. Aggiungere il vino o il brodo, coprire e cuocere a fuoco basso per 6-8 ore. Servite la carne e le verdure con il brodo oppure utilizzatelo per preparare una salsa.

Nota: per preparare il sugo, misurare il brodo e versarlo in un pentolino. Lascialo bollire. Per ogni 250 ml/8 fl oz di brodo, mescolare 2 cucchiai di farina con 50 ml/2 fl oz di acqua fredda e mescolare per circa un minuto finché il composto non si sarà addensato.

Torrefazione del caffè

Una ricetta preferita di una buona amica, Judy Pompei. La carne di manzo diventa incredibilmente ricca con l'aggiunta di caffè e salsa di soia.

Per 10 persone

2 cipolle grandi, tritate
un pezzo di manzo disossato, ad es. B. Bistecca di scamone (circa 1,5 kg)
250 ml di caffè forte
50 ml di salsa di soia
1 spicchio d'aglio, schiacciato
1 cucchiaino di origano secco
2 foglie di alloro

Aggiungi metà delle cipolle nella pentola a cottura lenta. Coprire con la carne rimanente e le cipolle. Aggiungi gli ingredienti rimanenti. Coprire e cuocere a fuoco basso per 6-8 ore. Servire la carne con il brodo.

Manzo alla Borgogna

Questa è la versione di Catherine Atkinson di questo classico robusto e amato dalla regione francese della Borgogna.

Per 4 persone

175 g di cipolle a bottone, non sbucciate

2 cucchiai di olio d'oliva

100 g di pancetta affumicata, senza cotenna, tagliata a pezzetti

100 g di funghi piccoli

2 spicchi d'aglio schiacciati o 10 ml/2 cucchiaini di purea d'aglio

250 ml di brodo di carne

700 g di bistecca magra o manzo brasata, pulita e tagliata a cubetti di 5 cm

2 cucchiaini di farina semplice

250 ml di vino rosso

1 rametto di timo fresco o 2,5 ml/½ cucchiaino di timo secco

1 foglia di alloro

Sale e pepe nero appena macinato

2 cucchiai di prezzemolo fresco tritato

purè di patate cremoso e verdure verdi per servire

Metti le cipolle in una ciotola resistente al calore e versaci sopra abbastanza acqua bollente da coprirle. Lasciare agire per 5 minuti. Nel frattempo scaldate 1 cucchiaio di olio in una padella, aggiungete la pancetta e fatela rosolare leggermente. Attraverso cucchiaio forato, trasferirlo nella pentola a cottura lenta, lasciando dietro di sé tutto il grasso e i succhi. Scolare e sbucciare le cipolle quando sono abbastanza fredde da poter essere maneggiate. Aggiungeteli nella padella e fateli rosolare lentamente finché non iniziano a dorarsi. Aggiungere i funghi e l'aglio e cuocere, mescolando, per 2 minuti. Trasferisci le verdure nella pentola. Versare il brodo sopra, coprire la pentola e impostare la pentola a cottura lenta su una temperatura alta o bassa.

Scaldare l'olio rimanente nella padella e friggere i cubetti di manzo finché non diventano di un bel colore marrone scuro su tutti i lati. Cospargete la farina sulla carne e mescolate bene. Aggiungere gradualmente il vino, mescolando continuamente, finché la salsa non bolle e si addensa. Aggiungere alla pentola a cottura lenta con il timo, le foglie di alloro, sale e pepe. Cuocere la casseruola a fuoco alto per 3-4 ore o a fuoco basso per 6-8 ore, o fino a quando la carne e le verdure saranno ben sode. Togliere il rametto di timo e la foglia di alloro. Cospargere di prezzemolo e servire con purè di patate cremoso e verdure verdi.

Petto alla griglia

Questo delizioso petto è realizzato con una semplice miscela di spezie e cotto lentamente alla perfezione in salsa barbecue.

Per 10 persone

1 petto di manzo magro (circa 1,5 kg)
Miscela di spezie
Salsa barbecue pronta da 450 ml/¾ pinta
50 ml di aceto di vino rosso
50 g di zucchero di canna chiaro
2 cipolle medie, tritate
120 ml di acqua
450 g di fettuccine, cotte, calde

Strofina il petto con le spezie e mettilo nella pentola a cottura lenta. Aggiungere gli altri ingredienti tranne le fettuccine. Coprite e fate cuocere a fuoco basso per 6-8 ore, alzando la fiamma al massimo negli ultimi 20-30 minuti. Disporre il petto su un piatto da portata e lasciarlo riposare, coperto con pellicola, per circa 10 minuti. Tagliare a fette e servire sopra le fettuccine con salsa barbecue e cipolle.

Panino con manzo alla griglia

In questa ricetta l'umile panino si trasforma in una vera festa.

Per 10 persone

1 petto di manzo magro (circa 1,5 kg)
Mix di spezie (vedi sotto)
Salsa barbecue pronta da 450 ml/¾ pinta
50 ml di aceto di vino rosso
50 g di zucchero di canna chiaro
2 cipolle medie, tritate
120 ml di acqua
Baguette o panini
insalata di cavolo

Strofina il petto con le spezie e mettilo nella pentola a cottura lenta. Aggiungere gli ingredienti rimanenti tranne le baguette o i panini e l'insalata di cavolo. Coprite e fate cuocere a fuoco basso per 6-8 ore, alzando la fiamma al massimo negli ultimi 20-30 minuti. Disporre il petto su un piatto da portata e lasciarlo riposare, coperto con pellicola, per circa 10 minuti. Bucherellare il petto con una forchetta e condirlo con il composto del barbecue. Metti la carne a pezzi baguette o rotolo a fette e guarnire con insalata di cavolo.

Miscela di spezie

Ideale per piatti a base di carne.

Fa 3 cucchiai

2 cucchiai di prezzemolo fresco tritato finemente
1 spicchio d'aglio, schiacciato
½ cucchiaino di sale per condire
½ cucchiaino di zenzero macinato
½ cucchiaino di noce moscata appena grattugiata
½ cucchiaino di pepe

Mescolare tutti gli ingredienti finché non saranno ben amalgamati.

Bistecca di fianco ripiena di funghi

Il ripieno di pancetta, funghi e timo ha davvero un sapore molto buono nella carne teneramente cotta.

Per 6 persone

3 fette di pancetta
225 g/8 once di funghi dal cappello marrone, affettati
½ cipolla, tritata
¾ cucchiaino di timo secco
Sale e pepe nero appena macinato a piacere
700 g di carne di manzo disossata spessa
175 ml di vino rosso secco o brodo di manzo
100 g di riso, cotto, caldo

Friggere la pancetta in una padella larga fino a renderla croccante. Scolare e sbriciolare. Scartare tutto tranne 1 cucchiaio di grasso di pancetta. Aggiungere i funghi, le cipolle e il timo nella padella e rosolare finché non si ammorbidiscono, 5-8 minuti. Incorporare la pancetta. Condire con sale e pepe.

Se necessario, battere la carne con un batticarne per ottenere uno spessore uniforme. Versare il ripieno sulla carne e arrotolarla partendo dal lato lungo. Fissare con spiedini corti e metterli nella pentola a cottura lenta. Aggiungere vino o brodo. Coprire e cuocere a fuoco basso per 6-8 ore. Tagliare a fette e servire sul riso, versarvi sopra il sugo.

Petto fritto nella birra

Per questa carne tenera e succosa, la marinata è la chiave del successo.

Per 4-6 persone

Petto arrotolato da 1,25 kg/2½ libbre
300 ml/½ pinta di birra chiara
Sale e pepe nero appena macinato
25 g di grasso di manzo, grasso vegetale bianco o olio di semi di girasole
2 cipolle, ciascuna tagliata in 8 spicchi
2 carote, tagliate in quarti
2 gambi di sedano, tagliati a fette spesse
2 rametti di timo fresco
2 foglie di alloro
2 spicchi interi
150 ml di brodo di manzo bollente
1 cucchiaio di amido di mais (amido di mais)

Mettete la carne in una ciotola abbastanza grande da contenerla e versateci sopra la birra. Coprite e lasciate marinare in frigorifero per almeno 8 ore, o tutta la notte se necessario, girando più volte se possibile. Scolare la carne, mettere da parte la birra e asciugarla. Condire bene la carne con sale e pepe. Scaldare il grasso vegetale sgocciolato o l'olio in una padella larga e pesante fino a quando sarà caldo. Aggiungete la carne e giratela spesso finché non sarà ben rosolata dappertutto. Rimuovi la carne su un piatto.

Togliere parte del grasso dalla padella e quindi aggiungere le cipolle, le carote e il sedano. Cuocere per qualche minuto finché non sarà leggermente dorato e ammorbidito. Disporre uno strato di verdure sul fondo della pentola in ceramica. Disporre sopra la carne e aggiungere le restanti verdure ai lati della carne. Aggiungere il timo, le foglie di alloro e i chiodi di garofano. Versare la marinata alla birra sulla carne e poi il brodo di carne. Coprite con il coperchio e fate cuocere a fuoco basso per 5-8 ore, o fino a quando la carne e le verdure saranno cotte e tenere. Girare la carne e irrorarla con la salsa una o due volte durante la cottura.

Togliere la carne e adagiarla su un piatto da portata o un tagliere riscaldato. Coprire con pellicola e lasciare riposare per 10 minuti prima di tagliare a fette spesse. Nel frattempo, scremare il grasso dal fondo di cottura e la salsa nella pentola di ceramica. In una pentola mescolare l'amido di mais con un po' di acqua fredda e poi versare il brodo (tenere da parte le verdure, eliminare l'alloro e il timo). Portare a ebollizione e mescolare finché non si formano le bollicine e il composto si addensa. Assaggia e aggiusta il condimento se necessario. Servire la salsa forte con la carne e le verdure.

Fianco di manzo ripieno di verdure

Dopo la lunga e lenta cottura, la carne diventa estremamente tenera e meravigliosamente farcita con questa entusiasmante scelta di verdure.

Per 6 persone

40 g di funghi, tagliati a fette
½ cipolla, tritata
½ carota, affettata
50 g di zucchine, a fette
25 g di mais dolce, scongelato se congelato
¾ cucchiaino di rosmarino essiccato
1 cucchiaio di olio d'oliva
Sale e pepe nero appena macinato a piacere
700 g di carne di manzo disossata spessa
400 g di pomodorini a pezzetti in scatola
100 g di riso, cotto, caldo

Friggere funghi, cipolle, carote, zucchine, mais e rosmarino in una padella con olio d'oliva per 5-8 minuti fino a renderli morbidi. Condire con sale e pepe.

Se necessario, battere la carne con un batticarne per ottenere uno spessore uniforme. Versare il ripieno sulla carne e arrotolarla partendo dal lato lungo. Fissare con spiedini corti e metterli nella pentola a cottura lenta. Aggiungere i pomodori. Coprire e cuocere a fuoco basso per 6-8 ore. Tagliare a fette e servire sul riso, versarvi sopra il sugo.

Carbonata di manzo

Basta una piccola quantità di birra per arricchire questo noto piatto belga. Pertanto, è una buona idea sceglierne uno che ti piace anche bere.

Per 4 persone

Bistecca magra brasata o di manzo da 700 g/1½ libbra, tagliata
2 cucchiai di olio di semi di girasole
1 cipolla grande, tritata magro
2 spicchi d'aglio schiacciati o 2 cucchiaini di purea d'aglio
2 cucchiaini di zucchero di canna morbido
1 cucchiaio di farina
Birra chiara da 250 ml
250 ml di brodo di carne
1 cucchiaino di aceto di vino
1 foglia di alloro
Sale e pepe nero appena macinato
prezzemolo fresco tritato per guarnire
Pane croccante francese per servire

Tagliate la carne a pezzi larghi circa 5 cm e spessi 1 cm. Scaldate 1 cucchiaio di olio in una padella e fate rosolare la carne su tutti i lati. Trasferire nella pentola di ceramica con una schiumarola, lasciando il sugo nella padella. Aggiungi l'olio rimanente nella padella. Aggiungere la cipolla e cuocere dolcemente per 5 minuti. Aggiungere l'aglio e lo zucchero, quindi cospargere la farina e mescolare. Aggiungere gradualmente la birra e portare a ebollizione. Lasciamo bollire per un minuto e poi spegniamo il fuoco. Versare il composto sulla carne, quindi aggiungere il brodo e l'aceto. Aggiungere la foglia di alloro e condire con sale e pepe. Coprire con coperchio. Cuocere a fuoco alto per 1 ora, quindi abbassare la fiamma al minimo e cuocere per altre 5-7 ore, o fino a quando la carne sarà molto tenera.

Togliere la foglia di alloro e aggiustare il condimento se necessario. Servire subito lo sformato, guarnito con un po' di prezzemolo fresco tritato e pane croccante.

Involtini

Questi involtini di manzo e prosciutto creano bistecche sottili facili da preparare.

Per 4 persone

4 bistecche sottili di manzo piccole o 2 grandi (circa 450 g di peso totale)
Sale e pepe nero appena macinato a piacere
4 fette di prosciutto affumicato (circa 25 g l'una)
100 g di funghi, tritati finemente
3 cucchiai di cetriolini tritati finemente
½ cipolla, tritata
1-2 cucchiai di senape di Digione
1 cucchiaino di aneto essiccato
120 ml di brodo di carne

Cospargere leggermente le bistecche sandwich con sale e pepe. Completare ogni bistecca con una fetta di prosciutto. Mescolare gli altri ingredienti, escluso il brodo, e distribuirli sulle fette di prosciutto. Arrotolare le bistecche e fissarle con stecchini da cocktail. Mettilo in una pentola a cottura lenta, con la cucitura rivolta verso il basso. Aggiungere il brodo. Coprire e cuocere a fuoco basso per 5-6 ore.

Involtini all'italiana

Il provolone è un formaggio italiano simile alla mozzarella ma dal sapore molto più pieno.

Per 4 persone

4 bistecche sottili di manzo piccole o 2 grandi (circa 450 g di peso totale)
Sale e pepe nero appena macinato a piacere
4 fette di prosciutto affumicato (circa 25 g l'una)
4 fette di provolone
4 cucchiai di pomodori secchi tritati
2 cucchiaini di aneto essiccato
120 ml di brodo di carne

Cospargere leggermente le bistecche sandwich con sale e pepe. Completare ogni bistecca con una fetta di prosciutto. Mescolare il formaggio e i pomodori e distribuirli sulle fette di prosciutto. Cospargere con aneto. Arrotolare le bistecche e fissarle con stecchini da cocktail. Mettilo in una pentola a cottura lenta, con la cucitura rivolta verso il basso. Aggiungere il brodo. Coprire e cuocere a fuoco basso per 5-6 ore.

Involtini alla greca

Un tocco di Grecia presentato con feta e olive.

Per 4 persone

4 bistecche sottili di manzo piccole o 2 grandi (circa 450 g di peso totale)
Sale e pepe nero appena macinato a piacere
50 g di formaggio feta
2 cipolline, tritate finemente
4 pomodori secchi, tagliati a pezzetti
25 g di olive greche, tritate
120 ml di brodo di carne

Cospargere leggermente le bistecche sandwich con sale e pepe. Pressare il formaggio con le cipolle, i pomodori secchi e le olive e spalmarlo sulla bistecca. Arrotolare le bistecche e fissarle con stecchini da cocktail. Mettilo in una pentola a cottura lenta, con la cucitura rivolta verso il basso. Aggiungere il brodo. Coprire e cuocere a fuoco basso per 5-6 ore.

Costolette brasate

Troverete queste costolette particolarmente gustose e succose. Puoi sgranocchiare l'osso!

Per 4 persone

250 ml di vino rosso secco o brodo di manzo
4 carote grandi, tagliate a fette spesse
1 cipolla grande, tagliata a spicchi
2 foglie di alloro
1 cucchiaino di maggiorana secca
900 g di costolette di manzo

Mescolare tutti gli ingredienti nella pentola a cottura lenta e adagiarvi sopra le costolette. Coprire e cuocere a fuoco basso per 7-8 ore.

Manzo condito con rafano

La calda piccantezza di questa casseruola di Catherine Atkinson è ottenuta con una miscela di rafano con panna, zenzero e curry in polvere.

Per 4 persone

1 cipolla, tritata
2 cucchiai di salsa di crema di rafano
1 cucchiaio di salsa Worcestershire
450 ml di brodo di manzo caldo (non bollente).
1 cucchiaio di farina
1 cucchiaino di curry medio in polvere
½ cucchiaino di zenzero macinato
1 cucchiaino di zucchero di canna scuro
Bistecca magra brasata o di manzo da 700 g/1½ libbra, tagliata a fette
Sale e pepe nero appena macinato
2 cucchiai di prezzemolo tritato fresco o congelato
Patate novelle e verdure verdi per servire

Aggiungi la cipolla nella pentola di ceramica. Mescolare il ravanello e la salsa Worcestershire nel brodo e versare sopra la cipolla. Accendi la pentola al minimo e lasciala riposare per 3-4 minuti mentre prepari e misuri gli ingredienti rimanenti.

Mescolare in una ciotola la farina, il curry in polvere, lo zenzero e lo zucchero. Aggiungere la carne di manzo e mescolare finché i cubetti non saranno ricoperti uniformemente dalla miscela di spezie. Mettere nella pentola a cottura lenta e condire con sale e pepe. Coprire e cuocere a fuoco basso per 6-7 ore o fino a quando la carne sarà davvero tenera.

Unire il prezzemolo e condire se necessario. Servire con patate novelle e verdure verdi come il cavolo tritato. con vapore.

Polpettone semplice

Succoso, così dovrebbe essere il polpettone, con tanti avanzi per i panini! Servire con vero purè di patate.

Per 6 persone

700 g di carne macinata magra
100 g di polenta
120 ml di latte parzialmente scremato
1 uovo
50 ml di ketchup o salsa di peperoncino
1 cipolla, tritata
½ peperone verde, tritato
1 spicchio d'aglio, schiacciato
1 cucchiaino di condimento alle erbe italiane essiccate
1 cucchiaino di sale
½ cucchiaino di pepe

Realizza dei manici di alluminio e mettili nella pentola a cottura lenta. Mescolare tutti gli ingredienti finché non saranno ben amalgamati. Forma una pagnotta con il composto e mettila nella pentola a cottura lenta. Fare attenzione a non lasciare che i lati della pagnotta tocchino la pentola. Inserire un termometro per carne in modo che la punta sia al centro della pagnotta. Coprire e cuocere a fuoco basso finché un termometro per carne non registra 160 ° F, circa 6-7 ore. Rimuovere utilizzando i manici della pellicola e lasciare riposare, leggermente coperto con la pellicola, per 10 minuti.

Polpettone italiano

Un classico polpettone ma con un tocco italiano. Puoi usa anche la salsa di peperoncino al posto del ketchup.

Per 6 persone

700 g di carne macinata magra
100 g di polenta
120 ml di latte parzialmente scremato
1 uovo
50 ml di ketchup di pomodoro
1 cipolla, tritata
½ peperone verde, tritato
1 spicchio d'aglio, schiacciato
1 cucchiaio di parmigiano fresco grattugiato
50 g di mozzarella grattugiata
2 cucchiai di olive nere snocciolate, tritate
1 cucchiaino di condimento alle erbe italiane essiccate
1 cucchiaino di sale
½ cucchiaino di pepe
2 cucchiai di salsa di pomodoro pronta o ketchup
Parmigiano grattugiato e mozzarella dura grattugiata per guarnire

Realizza dei manici di alluminio e mettili nella pentola a cottura lenta. Mescolare tutti gli ingredienti finché non saranno ben amalgamati. Forma una pagnotta con il composto e mettila nella pentola a cottura lenta. Fare attenzione a non lasciare che i lati della pagnotta tocchino la pentola. Inserire un termometro per carne in modo che la punta sia al centro della pagnotta. Coprire e cuocere a fuoco basso finché un termometro per carne non registra 160 ° F, circa 6-7 ore. Completare con salsa di pomodoro o ketchup e cospargere di formaggio. Coprire e cuocere a fuoco basso finché il formaggio non si scioglie, 5-10 minuti. Rimuovere utilizzando le maniglie in alluminio.

Polpettone al formaggio piccante

Questo polpettone ha un sapore di formaggio molto pieno che lo rende molto ricco e abbondante. Puoi usa anche la salsa di peperoncino al posto del ketchup.

Per 6 persone

450 g di carne macinata magra
225 g/8 once di carne di maiale macinata magra
100 g di formaggio a pasta molle
75 g di formaggio Cheddar, grattugiato
100 g di polenta
120 ml di latte parzialmente scremato
1 uovo
50 ml di ketchup di pomodoro
2 cucchiai di salsa Worcestershire
1 cipolla, tritata
½ peperone verde, tritato
1 spicchio d'aglio, schiacciato,
1 cucchiaino di condimento alle erbe italiane essiccate
1 cucchiaino di sale
½ cucchiaino di pepe

Realizza dei manici di alluminio e mettili nella pentola a cottura lenta. Mescolare tutti gli ingredienti tranne 25 g/1 oncia di formaggio Cheddar fino ad ottenere un composto ben amalgamato. Forma una pagnotta con il composto e mettila nella pentola a cottura lenta. Fare attenzione a non lasciare che i lati della pagnotta tocchino la pentola. Inserire un termometro per carne in modo che la punta sia al centro della pagnotta. Coprire e cuocere a fuoco basso finché un termometro per carne non registra 160 ° F, circa 6-7 ore. Cospargere con il formaggio Cheddar messo da parte, coprire e cuocere a fuoco basso finché il formaggio non si scioglie, 5-10 minuti. Rimuovere utilizzando le maniglie in alluminio.

Polpettone con chutney e arachidi

Se non hai Branston Pickle, puoi utilizzare la stessa quantità di chutney tritato.

Per 6 persone

700 g di carne macinata magra
100 g di polenta
120 ml di latte parzialmente scremato
1 uovo
100 g di sottaceti Branston
1 cipolla, tritata
½ peperone verde, tritato
1 spicchio d'aglio, schiacciato,
50 g di arachidi tritate
1 cucchiaino di curry in polvere
½ cucchiaino di zenzero macinato
1 cucchiaino di condimento alle erbe italiane essiccate
1 cucchiaino di sale
½ cucchiaino di pepe

Realizza dei manici di alluminio e mettili nella pentola a cottura lenta. Mescolare tutti gli ingredienti finché non saranno ben amalgamati. Forma una pagnotta con il composto e mettila nella pentola a cottura lenta. Fare attenzione a non lasciare che i lati della pagnotta tocchino la pentola. Inserire un termometro per carne in modo che la punta sia al centro della pagnotta. Coprire e cuocere a fuoco basso finché un termometro per carne non registra 160 ° F, circa 6-7 ore. Rimuovere utilizzando i manici della pellicola e lasciare riposare, leggermente coperto con la pellicola, per 10 minuti.

Salsa di uova e limone

Questa deliziosa salsa al limone può essere preparata con brodo vegetale.

Per 6 persone come contorno

1 cucchiaio di burro o margarina
2 cucchiai di farina
120 ml di brodo di pollo
120 ml di latte parzialmente scremato
1 uovo, leggermente sbattuto
3-4 cucchiai di succo di limone
1 cucchiaino di scorza di limone grattugiata
Sale e pepe bianco a piacere

Sciogliere il burro in una padella media. Unire la farina e cuocere per un minuto. Unire il brodo e il latte. Portare a ebollizione e mescolare finché non si sarà addensato, circa un minuto. Mescolare circa la metà del brodo nell'uovo. Ancora una volta' mescolare il composto nella padella. Mescolare a fuoco medio per un minuto. Aggiungere il succo e la scorza di limone. Condire con sale e pepe.

Polpettone al limone con uova e salsa al limone

Il polpettone assume una nuova dimensione con un accento di limone e una salsa liscia all'uovo e al limone come contorno.

Per 6 persone

700 g di carne macinata magra
50 g di pangrattato fresco
1 uovo
1 cipolla piccola, tritata
½ peperone verde piccolo, tritato
1 spicchio d'aglio, schiacciato
1 cucchiaio di succo di limone
1 cucchiaio di buccia di limone grattugiata
1 cucchiaino di senape di Digione
½ cucchiaino di timo secco
½ cucchiaino di pepe
¾ cucchiaino di sale
Salsa di uova e limone (vedi a sinistra)

Crea dei manici di alluminio e incollali nella pentola a cottura lenta. Mescolare tutti gli ingredienti tranne le uova e la salsa al limone fino ad ottenere un composto ben amalgamato. Forma una pagnotta con il composto e mettila nella pentola a cottura lenta. Fare attenzione a non lasciare che i lati della pagnotta tocchino la pentola. Inserire un termometro per carne in modo che la punta sia al centro della pagnotta. Coprire e cuocere a fuoco basso finché un termometro per carne non registra 160 ° F, 6-7 ore. Rimuovere utilizzando i manici della pellicola e lasciare riposare, leggermente coperto con la pellicola, per 10 minuti. Servire con uova e salsa al limone.

Pane al prosciutto in agrodolce

Il polpettone può essere preparato anche in una padella 9x5 pollici o due padelle più piccole se si adattano alla tua pentola a cottura lenta. Posizionare le teglie su una griglia o su scatolette di tonno vuote, eliminare entrambe le estremità.

Per 6 persone

450 g di carne macinata magra
225 g di prosciutto affumicato affettato o tritato finemente
50 g di pangrattato fresco
1 uovo
1 cipolla piccola, tritata
½ peperone verde piccolo, tritato
1 spicchio d'aglio, schiacciato
1 cucchiaino di senape di Digione
2 cetriolini tritati
50 g di mandorle, tritate più o meno
50 g di frutta secca mista
90 g di marmellata di albicocche
1 cucchiaio di aceto di mele
2 cucchiaini di salsa di soia
½ cucchiaino di pepe
¾ cucchiaino di sale

Crea dei manici di alluminio e incollali nella pentola a cottura lenta. Mescolare tutti gli ingredienti finché non saranno ben amalgamati. Forma una pagnotta con il composto e mettila nella pentola a cottura lenta. Fare attenzione a non lasciare che i lati della pagnotta tocchino la pentola. Inserire un termometro per carne in modo che la punta sia al centro della pagnotta. Coprire e cuocere a fuoco basso finché un termometro per carne non registra 160 ° F, 6-7 ore. Rimuovere utilizzando i manici della pellicola e lasciare riposare, leggermente coperto con la pellicola, per 10 minuti.

Manzo semplice con vino e verdure

Uno stufato di manzo semplice ma abbondante. Servire con pasta se lo si desidera.

Per 4 persone

450 g di scamone, tagliato a listarelle larghe 1 cm
250 ml di brodo di carne
120 ml di vino rosso secco
275 g/10 once di fagiolini francesi, tagliati a pezzetti corti
2 patate, a fette
2 cipolle piccole, tagliate a spicchi
3 carote, tagliate a fette spesse
¾ cucchiaino di timo secco
Sale e pepe nero appena macinato a piacere

Mescolare tutti gli ingredienti tranne sale e pepe in una pentola a cottura lenta. Coprire e cuocere a fuoco basso per 6-8 ore. Condire con sale e pepe.

Foglie di cavolo ripiene

Scegli carne macinata magra di buona qualità da mescolare con peperoni, cipolle e riso per realizzare un delizioso ripieno per le foglie di cavolo cotte nel sugo di pomodoro.

Per 4 persone

8 foglie di cavolo grandi
450 g di carne macinata magra
½ cipolla, tritata finemente
¼ peperone verde, tritato finemente
15 g di riso, cotto
50 ml di acqua
1 cucchiaino di sale
¼ cucchiaino di pepe nero appena macinato
400 g/14 oz salsa di pomodoro pronta
450 g di pomodori a pezzetti

Metti le foglie di cavolo in acqua bollente per 1-2 minuti finché non saranno morbide. Scolare bene. Taglia le venature spesse dalle foglie in modo che siano piatte. Mescolare la carne macinata e gli altri ingredienti tranne la salsa di pomodoro e i pomodorini tagliati a pezzetti. Dividete il composto di carne in otto parti uguali e modellate con ciascuna una pagnotta. Avvolgere una foglia di cavolo alla volta e ripiegarla sui bordi e sui lati. Versare metà della salsa di pomodoro combinata e dei pomodori tritati nella pentola a cottura lenta. Posizionare gli involtini di cavolo con la cucitura rivolta verso il basso. Versare sopra il resto del composto di pomodoro. Coprire e cuocere a fuoco basso per 6-8 ore.

Polpette alla fiorentina

Ricotta, spinaci e sapori mediterranei rendono queste polpette eccezionalmente deliziose.

Per 4 persone

65 g di foglie di spinaci

100 g di ricotta

1 uovo

2 cipolline, tritate

2 spicchi d'aglio

2 cucchiaini di origano secco

½ cucchiaino di aneto essiccato

½ cucchiaino di noce moscata appena grattugiata

½ cucchiaino di sale

½ cucchiaino di pepe

450 g di carne macinata magra

25 g di pangrattato fresco

1 litro di sugo pronto per pasta alle erbe

Fettuccine da 225 g/8 once, cotte, calde

Frullare gli spinaci, la ricotta, le uova, lo scalogno, l'aglio, le spezie, il sale e il pepe in un robot da cucina o in un frullatore fino ad ottenere un composto omogeneo. Mescolare con carne macinata e pangrattato. Con l'impasto formare 8-12 polpette. Unisci le polpette e il sugo per la pasta nella pentola a cottura lenta e ricopri le polpette con la salsa. Coprire e cuocere a fuoco basso per 5-6 ore. Servire sopra le fettuccine.

Rigatoni con polpette di melanzane

Le melanzane sono un ingrediente a sorpresa di queste fantastiche polpette.

Per 6 persone

Polpette di melanzane (vedi sotto)
700 g di sugo per pasta da un barattolo
350 g di rigatoni o altri formati di pasta, cotti, caldi
2-3 cucchiai di olio d'oliva
2 cucchiai di capperi secchi
15 g di prezzemolo fresco a foglia liscia tritato

Unisci le polpette di melanzane e il sugo per la pasta nella pentola a cottura lenta e copri le polpette con la salsa. Coprire e cuocere a fuoco basso per 6-8 ore. Mantecare i rigatoni con l'olio, i capperi e il prezzemolo. Servire con polpette e salsa.

Polpette di melanzane

Le melanzane a fette aggiungono ottimo sapore a queste polpette a base di manzo.

Fa 18 polpette

1 melanzana piccola (circa 350 g), a fette
700 g di carne macinata magra
50 g di parmigiano o formaggio romano grattugiato fresco
25 g di pangrattato secco
2 uova
1 cucchiaino e mezzo di condimento alle erbe italiane essiccate
1 cucchiaino di sale
½ cucchiaino di pepe

Cuocere le melanzane in 2 pollici di acqua bollente in una padella media fino a quando saranno tenere, circa 10 minuti. Scolare, lasciare raffreddare e frullare. Mescolare le melanzane con il resto degli ingredienti per le polpette. Formare 18 polpette.

Bobotino sudafricano

Una ricetta tradizionale del Sud Africa.

Per 4 persone

2 fette di pane fresco, senza crosta
2 cucchiai di olio
1 cipolla, tritata
2 spicchi d'aglio, schiacciati
10 ml/2 cucchiaini di curry in polvere
2,5 ml/½ cucchiaino di chiodi di garofano macinati
5 ml/1 cucchiaino di curcuma macinata
2 uova
450 g di carne macinata
2 cucchiai di acqua tiepida
2 cucchiai di succo di limone
2 cucchiai di zucchero
Sale e pepe nero appena macinato
per la copertura:
1 uovo
150 ml/¼ cucchiaino di latte
una manciata di mandorle a scaglie
Riso e verdure verdi per servire

Mettere a bagno il pane in acqua calda per 10 minuti, poi strizzarlo per eliminare l'acqua in eccesso e schiacciarlo. Scaldare l'olio in una padella e friggere la cipolla fino a renderla morbida. Aggiungere l'aglio, il curry, i chiodi di garofano e la curcuma e cuocere per altri 5 minuti, mescolando spesso. Sbattete le uova in una ciotola, quindi aggiungete la carne macinata. Aggiungere il composto di cipolle e spezie, il pane, l'acqua calda, il succo di limone e lo zucchero. Condire con sale e pepe e mescolare bene. Versare il composto in uno stampo da plumcake da 450 g unto e coprire con carta stagnola. Mettilo nella pentola a cottura lenta e aggiungi abbastanza acqua bollente da raggiungere la metà dei lati della pentola. Coprire e cuocere a fuoco basso per 8-10 ore fino a cottura.

Mescolare l'uovo, il latte e le mandorle e versarvi sopra. Coprire e cuocere a fuoco alto per altri 30 minuti finché non si sarà solidificato. Servire a fette con riso e verdure verdi.

Manzo di campagna

Le verdure a radice, le erbe, l'aglio e i piselli aggiungono molto sapore e consistenza a questa casseruola. Ha un sapore delizioso con pasta o riso.

Per 4 persone

Bistecca brasata magra da 900 g/2 libbre, tagliata a fette
250 ml di brodo di carne
150 g di pastinache, tritate
2 cipolle, tritate
1 gambo di sedano grande, tritato
120 ml di vino rosso secco o brodo di manzo
350 g di patate, non sbucciate e tritate dado
2 carote grandi, tagliate a fette spesse
3 spicchi d'aglio, schiacciati
2 cucchiai di concentrato di pomodoro
½ cucchiaino di timo secco
½ cucchiaino di rosmarino essiccato
1 foglia di alloro grande
50 g di piselli surgelati, scongelati
2 cucchiai di amido di mais
50 ml di acqua fredda
Sale e pepe nero appena macinato a piacere

Unisci tutti gli ingredienti tranne piselli, mais, acqua, sale e pepe in una pentola a cottura lenta da 5,5 litri/9½ pinta. Coprire e cuocere a fuoco alto per 4-5 ore. Aggiungete i piselli, alzate la fiamma al massimo e fate cuocere per 10 minuti. Mescolare l'amido di mais e l'acqua e mescolare per 2-3 minuti. Scartare la foglia di alloro. Condire con sale e pepe.

Manzo abbondante

I fagioli rossi rendono questa casseruola una delle più gustose che tu possa mai preparare.

Per 6 persone

450 g di scamone magro, tagliato a fette (2 cm)
175 ml di brodo di carne
400 g di pomodorini a pezzetti in scatola
Barattolo da 400 g / 14 once di fagioli rossi, scolati e sciacquati
1 cipolla, tritata
3 piccole patate a pasta cerosa, non sbucciate e tritate dado
3 carote, tritate
1 cucchiaio di amido di mais
2 cucchiai di acqua fredda
2-3 cucchiaini di salsa Worcestershire
Sale e pepe nero appena macinato a piacere

Unisci tutti gli ingredienti tranne l'amido di mais, l'acqua, la salsa Worcestershire, il sale e il pepe in una pentola a cottura lenta. Coprire e cuocere a fuoco basso per 6-8 ore. Alzare la fiamma al massimo e cuocere per 10 minuti. Mescolare l'amido di mais e l'acqua e mescolare per 2-3 minuti. Condire con salsa Worcestershire, sale e pepe.

Casseruola di manzo facile

Servi questa casseruola di manzo speziata con pasta, riso o polenta al microonde.

Per 6 persone

Bistecca brasata magra da 900 g/2 lb, tagliata a fette (2,5 cm/1 pollice)
400 g di pomodorini a pezzetti in scatola
120 ml di brodo di carne
120 ml di vino rosso secco o brodo di manzo
2 cipolle, tritate
2 spicchi d'aglio, schiacciati
2 cucchiaini di condimento alle erbe italiane essiccate
Sale e pepe nero appena macinato a piacere

Mescolare tutti gli ingredienti tranne sale e pepe in una pentola a cottura lenta. Coprire e cuocere a fuoco basso per 6-8 ore. Condire con sale e pepe.

Il manzo alle erbe preferito dalla famiglia

Molte verdure, cotte finché sono tenere, hanno un sapore delizioso in questa sana casseruola.

Per 8 persone

Bistecca brasata magra da 900 g/2 lb, tagliata a fette (2,5 cm/1 pollice)
400 g di pomodorini a pezzetti in scatola
250 ml di brodo di carne
350 g di patate, non sbucciate e tritate dado
275 g di rape o rape tagliate a dadini
3 cipolle, tritate
1 carota grande, tagliata a fette spesse
2 grandi gambi di sedano, tritati
4 spicchi d'aglio, schiacciati
½–¾ cucchiaino di maggiorana secca
½–¾ cucchiaino di timo secco
1 foglia di alloro
2 cucchiai di amido di mais
50 ml di acqua fredda
2-3 cucchiaini di salsa Worcestershire
Sale e pepe nero appena macinato a piacere

Unisci tutti gli ingredienti tranne l'amido di mais, l'acqua, la salsa Worcestershire, il sale e il pepe in una pentola a cottura lenta da 5,5 litri/9½ pinta. Coprire e cuocere a fuoco basso per 6-8 ore. Alzare la fiamma al massimo e cuocere per 10 minuti. Mescolare l'amido di mais e l'acqua e mescolare per 2-3 minuti. Scartare la foglia di alloro. Condire con salsa Worcestershire, sale e pepe.

Casseruola di manzo e verdure

Zucchine, funghi e ortaggi a radice costituiscono una buona combinazione in questo pasto a tutto tondo.

Per 6 persone

700 g di scamone magro, tagliato a fette (2,5 cm)
250 ml di brodo di carne
120 ml di vino rosso o brodo di carne
6 carote, tagliate in quarti
4 patate piccole, tagliate in quarti
4 cipolle, squartate
2 zucchine piccole, tritate
100 g di funghi
1 spicchio d'aglio, schiacciato
1 cucchiaino di salsa Worcestershire
2 foglie di alloro
1 cucchiaio di amido di mais
50 ml di acqua fredda
Sale e pepe nero appena macinato a piacere

Unisci tutti gli ingredienti tranne l'amido di mais, l'acqua, il sale e il pepe in una pentola a cottura lenta da 5,5 litri/9½ pinta. Coprire e cuocere a fuoco basso per 6-8 ore. Alzare la fiamma al massimo e cuocere per 10 minuti. Mescolare l'amido di mais e l'acqua e mescolare per 2-3 minuti. Scartare le foglie di alloro. Condire con sale e pepe.

Manzo e funghi

Il vino aggiunge sapore alla salsa e qui viene utilizzato il vino bianco per aggiungere un tocco leggero a questo piatto di manzo servito con le tagliatelle.

Per 6 persone

450 g di bistecca magra, tagliata a fette
450 ml di brodo di manzo
120 ml di vino bianco secco
225 g/8 once di funghi, affettati magro
½ cipolla, tritata
1 spicchio d'aglio, schiacciato
1 cucchiaio di condimento alle erbe italiane essiccate
2 cucchiai di amido di mais
120 ml di acqua fredda
Sale e pepe nero appena macinato a piacere
Tagliatelle da 225 g/8 once, cotte, calde

Mescolare tutti gli ingredienti tranne l'amido di mais, l'acqua, il sale, il pepe e la pasta nella pentola a cottura lenta. Coprire e cuocere a fuoco basso per 6-8 ore. Alzare la fiamma al massimo e cuocere per 10 minuti. Mescolare l'amido di mais e l'acqua e mescolare per 2-3 minuti. Condire con sale e pepe. Servire sopra le tagliatelle.

Manzo con patate e riso

Una sostanziosa casseruola di manzo contenente sia patate che riso. Le patate conferiscono una consistenza corposa e il riso contribuisce ad addensare la salsa aromatica.

Per 4 persone

450 g di bistecca magra, tagliata a fette
120 ml di brodo di carne
50 g di cavolo cappuccio, tagliato grossolanamente
2 patate piccole, non sbucciate e tagliate a cubetti
1 cipolla grande, tritata Bene
1 carota, tritata
2 spicchi d'aglio, schiacciati
120 ml di vino rosso secco o brodo di manzo
50 ml di ketchup di pomodoro
2 cucchiaini di zucchero di canna
1½ cucchiaino di aceto di mele
1 cucchiaino e mezzo di timo secco
½ cucchiaino di senape secca in polvere
50 g di riso a chicco lungo facile da cucinare
2 cucchiai di amido di mais
50 ml di acqua fredda

Sale e pepe nero appena macinato a piacere

Mescolare tutti gli ingredienti tranne il riso, l'amido di mais, l'acqua, il sale e il pepe nella pentola a cottura lenta. Coprire e cuocere a fuoco basso per 6-8 ore, aggiungendo il riso nelle ultime 2 ore. Alzare la fiamma al massimo e cuocere per 10 minuti. Mescolare l'amido di mais e l'acqua e mescolare per 2-3 minuti. Condire con sale e pepe.

Manzo e zucca con polenta

Se non hai una seconda pentola a cottura lenta, puoi preparare la polenta al microonde oppure cuocere la polenta in modo tradizionale seguendo le indicazioni sulla confezione.

Per 8 persone

Bistecca brasata magra da 900 g/2 lb, tagliata a fette (2,5 cm/1 pollice)
250 ml di brodo di carne
500 g di zucca butternut, sbucciata e tritata dado
4 pomodori medi, tritati
1 cipolla, tritata
¾ cucchiaino di maggiorana secca
¾ cucchiaino di timo secco
3 zucchine, tritate
Sale e pepe nero appena macinato a piacere
Polenta da 700 g

Unisci tutti gli ingredienti tranne le zucchine, sale, pepe e polenta in una pentola a cottura lenta da 5,5 litri/9½ pinta. Coprite e fate cuocere a fuoco basso per 6-8 ore, aggiungendo le zucchine negli ultimi 45 minuti. Condire con sale e pepe. Servire sopra la polenta.

Casseruola Di Manzo Brasato Al Vino

Alloro, aglio, funghi e vino rosso si uniscono per conferire a questo piatto un sapore deciso.

Per 6 persone

700 g di scamone, a fette
250 ml di brodo di carne
250 g/9 oz salsa di pomodoro pronta
120 ml di vino rosso secco
175 g di funghi, affettati
2 cipolle, tritate
1 gambo di sedano, affettato sottilmente
12 carotine
6 patate piccole, affettate a metà
1 spicchio d'aglio, schiacciato
1 cucchiaino di timo secco
2 grandi foglie di alloro
1-2 cucchiai di amido di mais
50 ml di acqua fredda
Sale e pepe nero appena macinato a piacere

Unisci tutti gli ingredienti tranne l'amido di mais, l'acqua, il sale e il pepe in una pentola a cottura lenta da 5,5 litri/9½ pinta. Coprire e cuocere a fuoco basso per 6-8 ore. Alzare la fiamma al massimo e cuocere per 10 minuti. Mescolare l'amido di mais e l'acqua e mescolare per 2-3 minuti. Scartare le foglie di alloro. Condire con sale e pepe.

Casseruola di manzo al rosmarino

Il profumato rosmarino è il pezzo forte di questa deliziosa casseruola.

Per 6 persone

700 g di bistecca magra brasata, tagliata a fette
375 ml/13 fl oz di brodo di manzo
Salsa di pomodoro pronta da 225g/8oz
2 cucchiai di sherry secco (facoltativo)
425 g/15 once di fagiolini francesi, tagliati a pezzetti corti
2 cipolle, tritate finemente
1 carota, tritata
1 gambo di sedano, tritato
1 spicchio d'aglio grande, schiacciato
1 cucchiaino di rosmarino essiccato
1 foglia di alloro
1-2 cucchiai di amido di mais
50 ml di acqua fredda
Sale e pepe nero appena macinato a piacere
175 g/6 once di riso, cotto, caldo

Unisci tutti gli ingredienti tranne l'amido di mais, l'acqua, il sale, il pepe e il riso in una pentola a cottura lenta da 5,5 litri/9½ pinta. Coprire e cuocere a fuoco basso per 6-8 ore. Alzare la fiamma al massimo e cuocere per 10 minuti. Mescolare l'amido di mais e l'acqua e mescolare per 2-3 minuti. Scartare la foglia di alloro. Condire con sale e pepe. Servire sopra il riso.

Casseruola autunnale con bistecca e patate dolci

La mela aggiunge un tocco di 'dolcezza' all''impasto. questa casseruola autunnale.

Per 4 persone

450 g di scamone magro, tagliato a fette (2 cm)
375 ml/13 fl oz di brodo di manzo
450 g di patate dolci, sbucciate e tagliate a cubetti
2 cipolle, tagliate a spicchi sottili
1 cucchiaino di rosmarino essiccato
2 mangiare una mela, sbucciata e tagliata a fette spesse
50 g di piselli surgelati, scongelati
2 cucchiai di amido di mais
50 ml di acqua fredda
Sale e pepe nero appena macinato a piacere

Unisci tutti gli ingredienti tranne mele, piselli, amido di mais, acqua, sale e pepe nella pentola a cottura lenta. Coprire e cuocere a fuoco basso per 6-8 ore, aggiungendo le mele negli ultimi 15 minuti. Aggiungete i piselli, alzate la fiamma al massimo e fate cuocere per 10 minuti. Mescolare l'amido di mais e l'acqua e mescolare per 2-3 minuti. Condire con sale e pepe.

Manzo e fagioli alla griglia

Usa sughi e salse già pronti e una lattina di fagioli per preparare questo delizioso piatto utilizzando gli ingredienti della dispensa e del congelatore.

Per 6 persone

450 g di scamone magro, tagliato a listarelle spesse 1 cm)
3 lattine da 400 g/14 once di fagioli rossi, scolati e sciacquati
Salsa di pomodoro pronta da 225g/8oz
100g/4oz di salsa leggera o media già pronta
3 cipolle, tritate finemente
2 spicchi d'aglio, schiacciati
2 cucchiai di aceto di mele
2-3 cucchiai di zucchero di canna
1-3 cucchiaini di peperoncino in polvere
2 cucchiaini di salsa Worcestershire
100 g/4 once di mais dolce, scongelato se congelato
Sale e pepe nero appena macinato a piacere

Unisci tutti gli ingredienti tranne mais, sale e pepe in una pentola a cottura lenta. Coprire e cuocere a fuoco basso per 6-8 ore, mescolando il mais dolce negli ultimi 30 minuti. Condire con sale e pepe.

Casseruola di filetto alla paprika con panna acida

Godetevi la tenera carne di manzo e le verdure in salsa di panna acida bollita con pepe.

Per 4 persone

450 g di filetto di manzo disossato e senza grasso, tagliato a listarelle spesse 1 cm
250 ml di brodo di carne
400 g di pomodorini a pezzetti in scatola
500 g di patate a pasta cerosa ', tritate'
225 g/8 once di fagiolini francesi, tagliati a metà
100 g di cipolline o scalogni
2 foglie di alloro
1 cucchiaio di paprika
120 ml di panna acida
1 cucchiaio di amido di mais
Sale e pepe nero appena macinato a piacere

Mescolare tutti gli ingredienti tranne la panna acida, l'amido di mais, il sale e il pepe nella pentola a cottura lenta. Coprire e cuocere a fuoco basso per 6-8 ore. Incorporate la panna acida e l'amido di mais e mescolate per 2-3 minuti. Scartare le foglie di alloro. Condire con sale e pepe.

Stroganoff con carne macinata e verdure

La panna acida e una miscela di funghi conferiscono a questo piatto preferito un sapore ricco e una consistenza cremosa.

Per 8 persone

700 g di carne macinata magra
Olio, per grasso
120 ml di acqua
50 ml di vino rosso secco o acqua
2 cipolle, tritate magro
2 spicchi d'aglio, schiacciati
225 g/8 once di funghi selvatici misti, come shiitake, funghi cardoncelli, enoki o funghi dal cappello marrone, affettati
1 cucchiaino e mezzo di senape di Digione
½ cucchiaino di aneto essiccato
225 g di cimette di broccoli
250 ml di panna acida
2 cucchiai di amido di mais
Sale e pepe nero appena macinato a piacere
450 g/1 libbra di pasta, cotta, calda

Cuocere la carne macinata in una padella ampia leggermente unta a fuoco medio fino a doratura, circa 10 minuti, quando si sfalda con una forchetta. Unisci la carne di manzo e gli altri ingredienti tranne i broccoli, la panna acida, l'amido di mais, il sale, il pepe e la pasta nella pentola a cottura lenta. Cuocere a fuoco basso per 6-8 ore, aggiungendo i broccoli negli ultimi 30 minuti. Incorporate la panna acida e l'amido di mais e mescolate per 2-3 minuti. Condire con sale e pepe. Servire sopra la pasta.

Manzo al cumino e peperoncino

Completa questa deliziosa casseruola con panna acida e servi con tortillas calde.

Per 8 persone

600 ml/1 litro di acqua bollente
2-6 anchos o peperoncini medi piccanti, gambi, semi e vene rimossi
4 pomodori, tagliati a spicchi
900 g/2 lb di filetto di manzo magro, tagliato a fette (2 cm/¾ pollice)
1 cipolla grande, tritata
2 spicchi d'aglio, schiacciati
1 cucchiaino di jalapeño tritato finemente o altro peperoncino medio piccante
1 cucchiaino di origano secco
1 cucchiaino di semi di cumino tritati
1 cucchiaio di amido di mais
3 cucchiai di acqua fredda
Sale e pepe nero appena macinato a piacere
Riso al peperoncino

Versare l'acqua bollente sui peperoncini ancho in una ciotola. Lasciare riposare fino a quando diventa morbido, circa 10 minuti. Frullare i peperoncini, l'acqua e i pomodori in un robot da cucina o in un frullatore fino a ottenere un composto omogeneo. Unisci la miscela di peperoncino e gli altri ingredienti, tranne l'amido di mais, l'acqua, il sale, il pepe e il riso al peperoncino, nella pentola a cottura lenta. Coprire e cuocere a fuoco basso per 6-8 ore. Alzare la fiamma al massimo e cuocere per 10 minuti. Mescolare l'amido di mais e l'acqua e mescolare per 2-3 minuti. Condire con sale e pepe. Servire sopra riso al peperoncino.

manzo Borgogna

Questa casseruola di ispirazione francese è perfetta per un'occasione speciale senza stress.

Per 8 persone

Bistecca brasata magra da 900 g/2 libbre
250 ml/8 fl oz Borgogna o altro vino rosso
250 ml di brodo di carne
1 cucchiaio di concentrato di pomodoro
2 cipolle, tritate
1 cucchiaino di timo secco
1 cucchiaino di rosmarino essiccato
1 cucchiaino di dragoncello essiccato
175 g/6 once di cipolline o scalogni
130 g di funghi, tagliati a fette
2 cucchiai di amido di mais
50 ml di acqua fredda
25 g di prezzemolo fresco, tritato
Sale e pepe nero appena macinato a piacere

Unisci la carne di manzo, il vino, il brodo, la passata di pomodoro, le cipolle tritate e le erbe aromatiche in una pentola a cottura lenta da 5,5 quarti/9½ pinte. Coprire e cuocere a fuoco basso per 6-8 ore, aggiungendo le cipolline e i funghi nelle ultime 2 ore. Alzare la fiamma al massimo e cuocere per 10 minuti. Mescolare l'amido di mais e l'acqua e mescolare per 2-3 minuti. Mescolare il prezzemolo e condire con sale e pepe.

Manzo alla Stroganoff

Un piatto sempre popolare. L'uso della pentola a cottura lenta rende la carne tenera in bocca e costituisce una portata principale ideale per gli ospiti.

Per 4 persone

Filetto di manzo o bistecca di manzo da 450 g/1 libbra, tagliato a strisce di 1 cm/½
250 ml di brodo di carne
250 g di funghi, affettati
1 cipolla, tritata
2 spicchi d'aglio, schiacciati
1 cucchiaino di senape di Digione
½ cucchiaino di timo secco
120 ml di panna acida
1 cucchiaio di amido di mais
Sale e pepe nero appena macinato a piacere
425 g/15 once di pasta, cotta, calda

Mescolare tutti gli ingredienti tranne la panna acida, l'amido di mais, il sale, il pepe e la pasta nella pentola a cottura lenta. Coprire e cuocere a fuoco basso per 6-8 ore. Incorporate la panna acida e l'amido di mais e mescolate per 2-3 minuti. Condire con sale e pepe. Servire sopra la pasta.

Manzo alla Stroganoff cremoso con riso

Il rafano gli conferisce un gradevole gusto speziato. Aumenta la quantità se preferisci.

Per 4 persone

450 g/1 libbra di filetto di manzo magro, tagliato a fette (2,5 cm/1 pollice)
250 ml di brodo di carne
50 ml di vino rosso di Borgogna (facoltativo)
3 cucchiai di concentrato di pomodoro
225 g/8 once di funghi, affettati
2 cipolle, tritate
2 spicchi d'aglio grandi, schiacciati
1 cucchiaino di rafano con panna
½ cucchiaino di timo secco
1 foglia di alloro
175 ml di panna acida
2 cucchiai di amido di mais
Sale e pepe nero appena macinato a piacere
100 g di riso, cotto, caldo

Mescolare tutti gli ingredienti tranne la panna acida, l'amido di mais, il sale, il pepe e il riso nella pentola a cottura lenta. Coprire e cuocere a fuoco basso per 6-8 ore. Incorporate la panna acida e l'amido di mais e mescolate per 2-3 minuti. Scartare la foglia di alloro. Condire con sale e pepe. Servire sopra il riso.

Manzo e funghi alla Stroganoff

Servire in ciotole poco profonde con pane caldo e croccante per assorbire i succhi.

Per 4 persone

450 g di bistecca magra di scamone, tagliata a listarelle spesse 1 cm
375 ml/13 fl oz di brodo di manzo
225 g/8 once di funghi, affettati
1 cipolla, tritata
3 scalogni o cipolline, tritati
1 spicchio d'aglio, schiacciato
120-250 ml di panna acida
2 cucchiai di amido di mais
Sale e pepe nero appena macinato a piacere

Mescolare tutti gli ingredienti tranne la panna acida, l'amido di mais, il sale e il pepe nella pentola a cottura lenta. Coprire e cuocere a fuoco basso per 6-8 ore. Incorporate la panna acida e l'amido di mais e mescolate per 2-3 minuti. Condire con sale e pepe.

Ragù di manzo

Servire questa casseruola con riso, pasta o cereali cotti come orzo, bacche di grano o avena.

Per 8 persone

Bistecca brasata magra da 900 g/2 lb, tagliata a fette (2,5 cm/1 pollice)
375 ml/13 fl oz di brodo di manzo
2 carote grandi, tritate
2 gambi di sedano, tritati
225 g/8 once di cipolline o scalogni
1 spicchio d'aglio, tritato
1 cucchiaino di origano secco
1 cucchiaino di timo secco
2 cucchiai di amido di mais
50 ml di acqua fredda
Sale e pepe nero appena macinato a piacere

Unisci tutti gli ingredienti tranne l'amido di mais, l'acqua, il sale e il pepe in una pentola a cottura lenta da 5,5 litri/9½ pinta. Coprire e cuocere a fuoco basso per 6-8 ore. Alzare la fiamma al massimo e cuocere per 10 minuti. Mescolare l'amido di mais e l'acqua e mescolare per 2-3 minuti. Condire con sale e pepe.

gulasch di manzo

In Ungheria, questa casseruola speziata alla paprika si chiama gulyas e viene spesso servita con un cucchiaio di panna acida.

Per 4 persone

12–450 g/1 libbra di bistecca magra, affettata (2 cm/¾ pollice)
400 g di pomodorini a pezzetti
225 g di cavolo cappuccio, tagliato grossolanamente
3 cipolle, tagliate a spicchi sottili
100 g di funghi portabella, affettati
1 cucchiaio di paprika
2 cucchiaini di semi di cumino
1-2 cucchiai di amido di mais
50 ml di acqua fredda
Sale e pepe nero appena macinato a piacere
225 g di tagliatelle all'uovo medie, cotte, calde

Mescolare tutti gli ingredienti tranne l'amido di mais, l'acqua, il sale, il pepe e la pasta nella pentola a cottura lenta. Coprire e cuocere a fuoco basso per 6-8 ore. Alzare la fiamma al massimo e cuocere per 10 minuti. Mescolare l'amido di mais e l'acqua e mescolare per 2-3 minuti. Condire con sale e pepe. Servire sopra le tagliatelle.

Goulash ungherese

Questo piatto tradizionale a base di carne di manzo teneramente cotta è condito con paprika e raffinato con panna acida.

Per 6 persone

900 g di bistecca magra, a fette (2,5 cm)
400 g di pomodorini a pezzetti in scatola
1 cipolla, tritata Bene
1 spicchio d'aglio, schiacciato
1 cucchiaino e mezzo di paprika
1 foglia di alloro
250 ml di panna acida
2 cucchiai di amido di mais
Sale e pepe nero appena macinato a piacere
350 g di pasta all'uovo, cotta, calda

Mescolare tutti gli ingredienti tranne la panna acida, l'amido di mais, il sale, il pepe e la pasta nella pentola a cottura lenta. Coprire e cuocere a fuoco basso per 6-8 ore. Incorporate la panna acida e l'amido di mais e mescolate per 2-3 minuti. Scartare la foglia di alloro. Condire con sale e pepe. Servire sopra la pasta.

Casseruola di manzo al vino Porto

Il piatto ricco e delizioso di Catherine Atkinson ha solo un accenno di dolcezza derivante dalla maturazione, che gli conferisce un sapore quasi caraibico.

Per 4 persone

175 g di cipolle a bottone, non sbucciate
2 cucchiai di olio di semi di girasole
700 g/1½ lb di bistecca magra brasata o di manzo, pulita e affettata (5 cm/2 pollici)
150 g di funghi piccoli
1 spicchio d'aglio schiacciato o 1 cucchiaino di purea d'aglio
1 cucchiaio di farina
300 ml di brodo di manzo
2 arance
1 cucchiaio di concentrato di pomodoro
1 cucchiaio di melassa nera
2 cucchiai di vino di Porto
Sale e pepe nero appena macinato
Riso e verdure verdi per servire

Metti le cipolle in una ciotola resistente al calore e versaci sopra abbastanza acqua bollente da coprirle. Lascia riposare per 5-10 minuti mentre fai rosolare la carne. Scaldare l'olio in una padella. Aggiungere la carne di manzo e cuocere per 5 minuti. Girare spesso i pezzi finché non saranno dorati dappertutto. Usando una schiumarola, trasferiscili nella pentola di ceramica, lasciando dietro di sé il grasso e i succhi.

Scolare e sbucciare le cipolle quando sono abbastanza fredde da poter essere maneggiate. Aggiungeteli nella padella insieme ai funghi e fateli rosolare lentamente finché non inizieranno a dorarsi. Aggiungere l'aglio e poi spingere il composto da parte. Cospargere la farina sul grasso e sui succhi di cottura nella padella. Mescolare bene, quindi aggiungere gradualmente il brodo e portare a ebollizione. Togliere dal fuoco.

Togliere la buccia dell'arancia con uno zester. Tagliare l'arancia a metà e spremerne il succo. Aggiungi la scorza e il succo nella padella. Mescolare la passata di pomodoro, la melassa e il vino di Porto. Condire con sale e pepe. Versare il composto sulla carne nella pentola di ceramica. Coprite con il coperchio e fate cuocere a fuoco basso per 6-8 ore, o fino a quando la carne e le cipolle saranno molto tenere. Servire con riso e verdure verdi come i fagiolini.

Manzo all'ungherese

Servi questa gustosa casseruola di manzo e verdure con pane caldo e croccante per assorbire la meravigliosa salsa.

Per 6 persone

450 g di bistecca magra, tagliata a listarelle sottili
120 ml di brodo di carne
120 ml di vino rosso secco o brodo di manzo extra
Salsa di pomodoro pronta da 225g/8oz
450 g di patate, sbucciate e tagliate a cubetti
2 carote grandi, tritate
2 gambi di sedano, tritati
2 cipolle, tritate finemente
1 spicchio d'aglio grande, schiacciato
1 cucchiaino di timo secco
1 cucchiaino di paprica
1 foglia di alloro
¼ cucchiaino di senape secca in polvere
120 ml di panna acida
1 cucchiaio di amido di mais
Sale e pepe nero appena macinato

Mescolare tutti gli ingredienti tranne la panna acida, l'amido di mais, il sale e il pepe nella pentola a cottura lenta. Coprire e cuocere a fuoco basso per 6-8 ore. Incorporate la panna acida e l'amido di mais e mescolate per 2-3 minuti. Scartare la foglia di alloro. Condire con sale e pepe.

Casseruola di manzo all'italiana

Peperoni verdi, funghi, pomodori e basilico condiscono questo piatto di manzo. Servire sopra le linguine.

Per 4 persone

550 g di bistecca magra, a fette (2,5 cm)
400 g di pomodorini a pezzetti in scatola
2 cipolle, tritate
1 peperone verde, tritato
75 g di funghi, affettati
3 scalogni o cipolline, tritati
1 cucchiaino di brodo di manzo in granuli o dado per brodo di manzo
1 cucchiaino di basilico essiccato
1 cucchiaino di aglio in polvere
2 cucchiai di amido di mais
50 ml di acqua fredda
Sale e pepe nero appena macinato a piacere
175 g di linguine, cotte, calde
3 cucchiai di prezzemolo fresco tritato
3 cucchiai di parmigiano grattugiato fresco

Mescolare tutti gli ingredienti tranne l'amido di mais, l'acqua, il sale, il pepe, le linguine, il prezzemolo e il formaggio nella pentola a cottura lenta. Coprire e cuocere a fuoco basso per 6-8 ore. Alzare la fiamma al massimo e cuocere per 10 minuti. Mescolare l'amido di mais e l'acqua e mescolare per 2-3 minuti. Condire con sale e pepe. Servire con linguine e spolverato di prezzemolo e parmigiano.

Casseruola di manzo alle cinque spezie

Un piatto facile da preparare e dal sapore asiatico, grazie ad una polvere cinese di cinque spezie e salsa di peperoncino cinese.

Per 4 persone

450 g di bistecca magra, a fette (2,5 cm)
175 ml di succo d'arancia
175 ml di brodo di carne
225 g di foglie cinesi tritate più o meno
1 cipolla, tagliata a spicchi sottili
1 peperone rosso, tritato magro
1 cucchiaio di salsa teriyaki
1 cucchiaino di salsa cinese all'aglio e peperoncino
1¼ cucchiaino di polvere cinese di cinque spezie
100 g di vermicelli di fagioli
Sale e pepe nero appena macinato a piacere

Mescolare tutti gli ingredienti tranne la pasta, sale e pepe nella pentola a cottura lenta. Coprire e cuocere per 6-8 ore.

Durante l'ultima ora di cottura, immergere e coprire i vermicelli di fagioli in acqua calda in una ciotola capiente per 15 minuti. Scolatele e mantecate con lo spezzatino negli ultimi 30 minuti di cottura. Condire con sale e pepe.

Manzo asiatico con tagliatelle al sesamo

Le tagliatelle al sesamo sono l'accompagnamento perfetto per questo piatto profumato.

Per 8 persone

Bistecca brasata magra da 900 g/2 lb, tagliata a fette (2,5 cm/1 pollice)

250 ml di acqua

2 fettine sottili di radice di zenzero fresca

2 spicchi d'aglio, tritati a metà

2 cipolline, tritate

3-4 cucchiai di salsa di soia

2-3 cucchiaini di zucchero

3 cucchiai di sherry secco (facoltativo)

50 g di piselli surgelati, scongelati

2 cucchiai di amido di mais

50 ml di acqua fredda

Sale e pepe nero appena macinato a piacere

Tagliatelle al sesamo (vedi sotto)

1 cucchiaio di semi di sesamo, tostati

coriandolo fresco tritato va bene per guarnire

Unisci tutti gli ingredienti tranne piselli, amido di mais, acqua fredda, sale, pepe, tagliatelle al sesamo e semi di sesamo nella pentola a cottura lenta. Coprire e cuocere a fuoco basso per 6-8 ore. Aggiungete i piselli, alzate la fiamma al massimo e fate cuocere per 10 minuti. Mescolare l'amido di mais e l'acqua e mescolare per 2-3 minuti. Condire con sale e pepe. Servire la carne sulle tagliatelle al sesamo calde e cospargere con semi di sesamo e coriandolo fresco.

Tagliatelle al sesamo

Usa olio di sesamo chiaro o scuro a seconda delle tue preferenze. Il buio è generalmente meno salato.

Sufficiente come contorno per 8 persone

Tagliatelle sottili da 350 g/12 once, cotte, calde
2-4 cucchiaini di salsa di soia
2 cucchiaini di olio di sesamo tostato
2 cipolline, affettate sottilmente

Cuocere la pasta seguendo le istruzioni sulla confezione. Mescolare le tagliatelle calde con il resto degli ingredienti. Servire caldo.

Manzo Teriyaki e broccoli

La salsa teriyaki giapponese e lo zenzero aggiungono molto sapore a questo piatto. Può anche essere servito con riso, pasta o altri cereali.

Per 4 persone

12-450 g di bistecca magra di scamone, tagliata a strisce spesse 1 cm
250 ml di brodo di carne
1 cipolla, tagliata a spicchi sottili
2 carote, tritate
2,5 cm/pezzo 1 radice di zenzero fresca, grattugiata finemente
2 cucchiai di salsa teriyaki
350 g di cimette di broccoli piccole
2 cucchiai di amido di mais
50 ml di acqua fredda
Sale e pepe nero appena macinato a piacere
225 g/8 once di pasta, cotta, calda

Mescolare tutti gli ingredienti tranne i broccoli, l'amido di mais, l'acqua, il sale, il pepe e la pasta nella pentola a cottura lenta. Coprire e cuocere a fuoco basso per 6-8 ore, aggiungendo i broccoli negli ultimi 30 minuti. Alzare la fiamma al massimo e cuocere per 10 minuti. Mescolare l'amido di mais e l'acqua e mescolare per 2-3 minuti. Condire con sale e pepe. Servire sopra la pasta.

Piatto caldo mediorientale di manzo e fagioli

Le erbe dolci donano alle succose bistecche accenti di gusto orientale.

Per 8 persone

Bistecca brasata magra da 450 g/1 libbra, tagliata a fette
175 g di fagioli cannellini secchi
1 litro di brodo di manzo
4 cipolle, tritate
2 spicchi d'aglio, schiacciati
2 foglie di alloro
1 cucchiaino di timo secco
½ cucchiaino di cannella in polvere
un pizzico di chiodi di garofano macinati
275 g/10 once di pomodori, tagliati
75 g di riso, cotto
Sale e pepe nero appena macinato a piacere

Unisci tutti gli ingredienti tranne i pomodori, il riso, il sale e il pepe in una pentola a cottura lenta da 5,5 litri/9½ pinta. Coprire e cuocere a fuoco basso fino a quando i fagioli saranno teneri, 7-8 ore, aggiungendo i pomodori e il riso negli ultimi 30 minuti. Scartare le foglie di alloro. Condire con sale e pepe.

Casseruola di manzo al curry con focaccine all'erba cipollina

Parte della carne di manzo in questa saporita casseruola viene sminuzzata. densamente, conferendo alla casseruola una consistenza particolarmente ricca.

Per 8 persone

Bistecca brasata magra da 900 g/2 libbre
375 ml/13 fl oz di brodo di manzo
3 cipolle, tritate
1 pomodoro grande, tagliato grossolanamente
1 cucchiaino e mezzo di curry in polvere
2 foglie di alloro
Sale e pepe nero appena macinato a piacere
275 g/10 once di piselli surgelati, scongelati
4 focaccine semplici, dimezzate
burro fuso o spray da cucina
erba cipollina fresca o secca tritata per guarnire

Tagliare metà della carne di manzo a cubetti 1 pollice. Tritare grossolanamente la carne rimanente. Unisci la carne di manzo e gli altri ingredienti, eccetto sale, pepe, piselli, focaccine e burro o spray da cucina, nella pentola a cottura lenta. Coprire e cuocere a fuoco basso per 6-8 ore. Scartare le foglie di alloro. Condire con sale e pepe. Aggiungere i piselli e posizionare le metà dello scone tagliate con la parte rivolta verso il basso sopra lo stufato. Spennellare leggermente gli scones con il burro o irrorarli con olio e cospargerli con l'erba cipollina. Coprire e cuocere per 15 minuti.

Manzo greco con lenticchie

Lenticchie e verdure fresche sono deliziosi partner in questa semplice casseruola.

Per 6 persone

450 g di filetto di manzo, a fette (2 cm)
750 ml di brodo di manzo
400 g di pomodorini a pezzetti in scatola
350 g di fecola di patate, tritata
275 g/10 once di fagiolini francesi, tagliati a pezzetti corti
175 g/6 once di lenticchie verdi o marroni essiccate
2 cipolle, tritate
1 peperone verde, tritato
2 spicchi d'aglio, schiacciati
1 cucchiaino di origano secco
1 cucchiaino di menta secca
½ cucchiaino di curcuma macinata
½ cucchiaino di coriandolo macinato
1 zucchina, tritata
Sale e pepe nero appena macinato a piacere

Unisci tutti gli ingredienti tranne le zucchine, sale e pepe in una pentola a cottura lenta da 5,5 litri/9½ pinta. Coprite e fate cuocere a fuoco basso per 6-8 ore, aggiungendo le zucchine negli ultimi 30 minuti. Condire con sale e pepe.

Polpette alla romana con pasta

Polpette abbinate a verdure e pasta in tre colori in una deliziosa casseruola. Le polpette saranno meno fragili se le friggete prima in una padella leggermente unta d'olio.

Per 4 persone

Polpette alla Romana (vedi sotto)
900 ml di brodo di manzo
400 g di pomodorini in scatola tagliati a pezzi
½ cipolla, tritata
1 cucchiaino di condimento alle erbe italiane essiccate
100g di fusilli tricolori, cotti
350 g di cimette di broccoli piccole
3 cucchiai di amido di mais
75 ml/2½ fl oz di acqua fredda
Sale e pepe nero appena macinato a piacere

Unisci tutti gli ingredienti tranne la pasta, i broccoli, l'amido di mais, l'acqua, il sale e il pepe in una pentola a cottura lenta, assicurandoti che le polpette siano immerse. Coprire e cuocere a fuoco basso per 6-8 ore, aggiungendo la pasta e i broccoli negli ultimi 15 minuti. Alzare la fiamma al massimo e cuocere per 10 minuti. Mescolare l'amido di mais e l'acqua e mescolare per 2-3 minuti. Condire con sale e pepe.

Polpette alla romana

Queste deliziose polpette di manzo hanno una consistenza extra grazie all'avena.

Fa 16 polpette

225 g di carne macinata magra
1 albume d'uovo
50 g di polenta
1 cucchiaio di cipolla tritata essiccato
½ cucchiaino di condimento alle erbe italiane essiccate
50 g di parmigiano o formaggio romano grattugiato fresco

Mescolare tutti gli ingredienti in una ciotola. Formate con il composto 16 polpette.

pasta al ragù

Il ragù alla bolognese è sicuramente il condimento per pasta più famoso e apprezzato.

Per 6 persone

450 g di carne macinata magra
Olio, per grasso
½ cipolla, tritata
½ carota, affettata
½ gambo di sedano, tritato
3 spicchi d'aglio, schiacciati
1 cucchiaino e mezzo di condimento alle erbe italiane essiccate
un pizzico di noce moscata appena grattugiata
Salsa di pomodoro pronta da 225g/8oz
225 g di pomodori a pezzetti
50 ml di vino rosso secco o succo di pomodoro
½ cucchiaino di sale
pepe nero appena macinato a piacere
350 g/12 once di spaghetti, cotti, caldi

Cuocere la carne macinata in una padella media leggermente unta a fuoco medio fino a doratura, 5-8 minuti, spezzettandola con una forchetta. Unisci la carne di manzo e gli altri ingredienti tranne gli spaghetti nella pentola a cottura lenta. Coprire e cuocere a fuoco basso per 6-7 ore. Se desideri una consistenza più densa, cuoci senza coperchio per gli ultimi 30 minuti e regola la fiamma al massimo. Servire la salsa sugli spaghetti.

Bistecca in salsa di pomodoro

Gli straccetti di bistecca sono preparati con patate, piselli e carote in salsa di pomodoro.

Per 6 persone

Bistecca magra brasata da 700 g/1½ libbra, tagliata a strisce di 1 cm/½
Lattina da 400 g/14 once di pomodori a cubetti con erbe aromatiche
Salsa di pomodoro pronta da 225g/8oz
4 patate cerate, affettate
1 cipolla grande, tritata magro
½ cucchiaino di aglio in polvere
275 g/10 once di piselli e carote surgelati, scongelati
2 cucchiai di amido di mais
50 ml di acqua
Sale e pepe nero appena macinato a piacere

Unisci tutti gli ingredienti tranne le verdure surgelate, l'amido di mais, l'acqua, il sale e il pepe in una pentola a cottura lenta da 5,5 litri/9½ pinta. Coprire e cuocere a fuoco basso per 6-8 ore, aggiungendo negli ultimi 10 minuti le verdure surgelate scongelate. Alzare la fiamma al massimo e cuocere per 10 minuti. Mescolare l'amido di mais e l'acqua e mescolare per 2-3 minuti. Condire con sale e pepe.

Verdure dell'orto con gustose polpette

Se avete tempo, friggete le polpette in una padella capiente unta o infornate a 180°C/Gas 4/160°C ventilato finché non saranno dorate: saranno meno fragili e più belle. Mettete le polpette nella pentola con attenzione in modo che non si spezzino.

Per 6 persone

Polpette salate
250 ml di brodo di carne
2 lattine di '400 g/14 once di pomodori a cubetti'
3 carote, tagliate a fette spesse
1 cucchiaino di basilico essiccato
2 zucchine piccole, tritate
50 g di piselli surgelati, scongelati
2 cucchiai di amido di mais
50 ml di acqua fredda
Sale e pepe nero appena macinato a piacere
350 g/12 once di pasta o fettuccine, cotte, calde

Unisci tutti gli ingredienti tranne zucchine, piselli, farina di mais, acqua, sale, pepe e pasta in una pentola a cottura lenta da 5,5 litri/9½ pinta, assicurandoti che le polpette siano immerse. Coprite e fate cuocere a fuoco basso per 6-8 ore, aggiungendo le zucchine e i piselli negli ultimi 20 minuti. Alzare la fiamma al massimo e cuocere per 10 minuti. Mescolare l'amido di mais e l'acqua e mescolare per 2-3 minuti. Condire con sale e pepe. Servire sopra le tagliatelle.

Manzo salato e cavolo rosso

Le verdure a radice e il cavolo sono una buona base per la carne salata.

Per 4 persone

450 g / 1 libbra di manzo o petto salato, affettato
450 g di cavolo rosso, tritato più o meno
120 ml di brodo di pollo
4 patate cerate, affettate
1 carota grande, tritata
150 g di barbabietola rossa, tritata
1 cucchiaio di aceto di mele
1 cucchiaino di spezie per decapaggio
Sale e pepe nero appena macinato a piacere

Mescolare tutti gli ingredienti tranne sale e pepe in una pentola a cottura lenta. Coprire e cuocere a fuoco basso per 6-8 ore. Condire con sale e pepe.

Vitello alla salvia

Salvia e vino bianco secco donano a questo piatto un tocco delicato.

Per 6 persone

550 g di coscia di vitello disossata, affettata
250 ml di brodo di pollo
120 ml di vino bianco secco
1 cipolla, tritata
2 gambi di sedano, tritati
2 carote, tritate
2 spicchi d'aglio, tritati
½ cucchiaino di salvia secca
½ cucchiaino di timo secco
Sale e pepe nero appena macinato a piacere
350 g di pasta all'uovo, cotta, calda

Mescolare tutti gli ingredienti tranne sale, pepe e pasta nella pentola a cottura lenta. Coprire e cuocere a fuoco basso per 6-8 ore. Condire con sale e pepe. Servire sopra le tagliatelle.

Porridge di vitello con piselli e funghi

Anche il vero purè di patate si sposa bene con questo.

Per 6 persone

550 g di coscia di vitello disossata, affettata
250 ml di brodo di pollo
1 cipolla, tritata
2 gambi di sedano, tritati
175 g di funghi, affettati
2 spicchi d'aglio, tritati
½ cucchiaino di salvia secca
½ cucchiaino di timo secco
75 g di piccoli pois congelati, scongelati
175 ml di latte
2 cucchiai di amido di mais
50 ml di acqua fredda
Sale e pepe nero appena macinato a piacere
350 g di pasta all'uovo, cotta, calda

Mescolare tutti gli ingredienti tranne i piccoli pois, il latte, l'amido di mais, l'acqua, il sale, il pepe e la pasta nella pentola a cottura lenta. Coprire e cuocere a fuoco basso per 5-7 ore. Aggiungere i pois e il latte e cuocere a fuoco basso per un'altra ora. Imposta la pentola a cottura lenta al massimo e cuoci per 10 minuti. Mescolare insieme l'amido di mais e l'acqua fredda e mescolare per 2-3 minuti. Condire con sale e pepe. Servire sopra la pasta.

Vitello al Marsala

In questa casseruola la carne di vitello può essere sostituita con petto di pollo e brodo di pollo al Marsala. Servire con riso se lo si desidera.

Per 4 persone

450 g/1 libbra di coscia di vitello magra, affettata Inoltre
250 ml di brodo di pollo
50-120ml Marsala
175 g di funghi, affettati
2 spicchi d'aglio, schiacciati
¼–½ cucchiaino di rosmarino essiccato, tritato
2 cucchiai di amido di mais
50 ml di acqua fredda
Sale e pepe nero appena macinato a piacere

Mescolare tutti gli ingredienti tranne l'amido di mais, l'acqua, il sale e il pepe in una pentola a cottura lenta. Coprire e cuocere a fuoco basso per 6-8 ore. Alzare la fiamma al massimo e cuocere per 10 minuti. Mescolare l'amido di mais e l'acqua e mescolare per 2-3 minuti. Condire con sale e pepe.

Vitello e peperone dolce

Usa la paprika piccante o dolce in questa ricetta, a seconda delle tue preferenze.

Per 6 persone

700 g/1½ lb di coscia di vitello disossata, affettata (1 cm/½ pollice)
250 ml di brodo di pollo
225 g di cavolo cappuccio, tagliato a pezzi sottili
2 cipolle, tritate
1 carota grande, tritata
1 peperone verde, tritato
75 g di funghi, affettati
200 g di pomodori, tagliati
1 cucchiaio di paprika
1 zucchina, tritata
120 ml di panna acida
2 cucchiai di amido di mais
Sale e pepe nero appena macinato a piacere
350 g/12 once di pasta, cotta, calda

Unisci tutti gli ingredienti tranne le zucchine, la panna acida, l'amido di mais, il sale, il pepe e la pasta in una pentola a cottura lenta da 5,5 litri/9½ pinta. Coprite e fate cuocere a fuoco basso per 6-8 ore, aggiungendo le zucchine negli ultimi 30 minuti. Incorporate la panna acida e l'amido di mais e mescolate per 2-3 minuti. Condire con sale e pepe. Servire sopra la pasta.

Vitello al vino

In questa ricetta la carne di vitello può essere sostituita con il petto di pollo. Servire su riso o pasta, con insalata verde e pane caldo e croccante.

Per 6 persone

700 g di coscia di vitello disossata, a fette (2 cm)
120 ml di brodo di pollo
120 ml/4 fl oz salsa di pomodoro pronta
120 ml di vino bianco secco
175 g di patate dolci, sbucciate e tagliate a cubetti
1 cipolla grande, tritata
1 spicchio d'aglio, schiacciato
¼ peperone rosso, tritato
¼ peperone verde, tritato
100 g di piselli surgelati, scongelati
2 cucchiai di amido di mais
50 ml di acqua fredda
Sale e pepe nero appena macinato a piacere

Mescolare tutti gli ingredienti tranne i piselli, l'amido di mais, l'acqua, il sale e il pepe nella pentola a cottura lenta. Coprire e cuocere a fuoco basso per 6-8 ore. Aggiungete i piselli, alzate la fiamma al massimo e fate cuocere per 10 minuti. Mescolare l'amido di mais e l'acqua e mescolare per 2-3 minuti. Condire con sale e pepe.

Vitello dolce piccante

Cumino e anice conferiscono a questa casseruola un gusto caldo e speziato.

Per 8 persone

900 g/2 lb di coscia di vitello magra, affettata (2 cm/¾ pollice)
120 ml di brodo di pollo
120 ml di vino bianco secco o altro brodo di pollo
1 cavolo cappuccio piccolo, tagliato in 8 spicchi
3 porri (solo le parti bianche), tagliati a fette spesse
175 g di funghi, affettati
3 spicchi d'aglio, schiacciati
1 cucchiaino di cumino, macinato
¾ cucchiaino di semi di cumino, tritati
2 foglie di alloro
1 cucchiaio di amido di mais
120 ml di panna acida
Sale e pepe nero appena macinato a piacere

Unisci tutti gli ingredienti tranne l'amido di mais, la panna acida, il sale e il pepe in una pentola a cottura lenta da 5,5 litri/9½ pinta. Coprire e cuocere a fuoco basso per 6-8 ore. Incorporare l'amido di mais e la panna acida combinati e mescolare per 2-3 minuti. Scartare le foglie di alloro. Condire con sale e pepe.

Sauvignon di vitello

Questa fragrante casseruola è ottima anche con riso aromatico, ad esempio riso basmati o gelsomino.

Per 4 persone

450 g di cotolette di vitello disossate, tagliate a listarelle sottili
120 ml di brodo di pollo
120 ml di vino bianco secco
1 cipolla, tritata dimezzato e affettato magro
1 spicchio d'aglio, schiacciato
1 cucchiaino di maggiorana secca
1 cucchiaio di concentrato di pomodoro
½ cavolfiore tagliato a cimette piccole
150 g di bietole o spinaci, tritati
Sale e pepe nero appena macinato a piacere
Fettuccine da 225 g/8 once, cotte, calde

Unisci tutti gli ingredienti tranne il cavolfiore, la bietola, il sale, il pepe e la pasta nella pentola a cottura lenta. Coprite e fate cuocere a fuoco basso per 6-8 ore, aggiungendo negli ultimi 30 minuti il cavolfiore e la bietola. Condire con sale e pepe. Servire sopra le fettuccine.

Vitello Mediterraneo

In questa ricetta la carne di vitello può essere sostituita con carne di manzo o di maiale. Se preferite una salsa dalla consistenza più densa, addensate con 1-2 cucchiai di amido di mais e 50 ml di acqua fredda a fine cottura.

Per 6 persone

700 g di coscia magra di vitello, tagliata a fette Inoltre
250 ml di brodo di pollo
400 g di pomodorini a pezzetti in scatola
2 cucchiai di concentrato di pomodoro
1 cipolla, tritata spesso
1 carota, tagliata grossolanamente
2 spicchi d'aglio, schiacciati
¾ cucchiaino di timo secco
¾ cucchiaino di basilico secco
1 foglia di alloro
50 g di olive snocciolate
2 cucchiai di capperi secchi
Sale e pepe nero appena macinato a piacere
350 g di linguine, cotte, calde

Unisci tutti gli ingredienti tranne le olive, i capperi, il sale, il pepe e la pasta nella pentola a cottura lenta. Coprire e cuocere a fuoco basso per 6-8 ore, aggiungendo le olive e i capperi negli ultimi 30 minuti. Scartare la foglia di alloro. Condire con sale e pepe. Servire sopra la pasta.

Polpette di vitello con panna acida e salsa di funghi

Il tenero vitello viene rifinito con una salsa di panna e servito con fettuccine.

Per 4 persone

225 g/8 once di funghi, affettati
Polpette di vitello (vedi sotto)
120 ml di brodo di pollo
250 ml di panna acida
3 cucchiai di amido di mais
Sale e pepe nero appena macinato a piacere
Fettuccine da 225 g/8 once, cotte, calde

Aggiungi tre quarti dei funghi nella pentola a cottura lenta. Ricoprire con le restanti polpette e i funghi. Versarci sopra il brodo. Coprire e cuocere a fuoco basso per 5-6 ore. Togliere le polpette e tenerle al caldo. Mescolare la panna acida e l'amido di mais nel brodo e mescolare per 2-3 minuti. Condire con sale e pepe. Servire le polpette e la salsa sulle fettuccine.

Polpette di vitello

La carne di vitello può essere sostituita con pollo, maiale o manzo tritati.

Fa 12-16 polpette

700 g di carne macinata di vitello
2 cipolline, tritate finemente
1 spicchio d'aglio, schiacciato
2 uova
50 ml di brodo di pollo o latte
40 g di pangrattato secco
1 cucchiaino di sale
¼ cucchiaino di pepe

Mescolare tutti gli ingredienti in una ciotola. Formate con il composto 12-16 polpette.

Ossa del midollo

A questo classico piatto del Nord Italia viene tradizionalmente aggiunta la gremolata, una miscela piccante di prezzemolo tritato finemente, scorza di limone e aglio.

Per 6 persone

1,75 kg di coscia di vitello, tagliata in 6 pezzi, sgrassata
2 lattine di '400 g/14 once di pomodori a cubetti'
120 ml di vino bianco secco o acqua
3 carote, tritate
3 spicchi d'aglio, schiacciati
2 gambi di sedano, affettati sottilmente
1 cipolla, tritata
¾ cucchiaino di basilico secco
¾ cucchiaino di timo secco
2 foglie di alloro
Gremolata
Sale e pepe nero appena macinato a piacere
225 g/8 once di riso, cotto, caldo

Unisci tutti gli ingredienti tranne la gremolata, sale, pepe e riso in una pentola a cottura lenta da 5,5 litri/9½ pinta. Coprire e cuocere a fuoco basso per 6-8 ore. Scartare le foglie di alloro. Incorporate metà della gremolata e condite con sale e pepe. Servire sopra il riso e spalmare intorno la restante gremolata.

Lombo di maiale ripieno di frutta

Il maiale è sempre perfetto se abbinato alla frutta e le prugne sono contorni particolarmente ricchi. Se preferite potete utilizzare qualsiasi frutta secca per questa profumata farcitura.

Per 6-8 persone

130 g di prugne con ossa
Lombo di maiale disossato da 900 g
½ mela, sbucciata e tagliata a cubetti
½ cucchiaino di maggiorana secca
½ cucchiaino di salvia secca
Sale e pepe nero appena macinato a piacere
120 ml di vino bianco secco o succo di mela
2 cucchiai di amido di mais
2 cucchiai di miele
175 ml/6 fl oz di latte intero o panna

Immergere le prugne in acqua calda per 10-15 minuti fino a quando saranno morbide. Scolare bene. È spesso. Spingere il manico di un lungo cucchiaio di legno al centro del filetto per creare un'apertura per il ripieno.

Mescolare prugne, mele ed erbe aromatiche. Usa il manico di un cucchiaio di legno per spingere il composto attraverso la carne. Cospargere leggermente l'esterno dell'arrosto con sale e pepe. Inserisci un termometro per carne nella carne, assicurandoti che la punta non sia nel ripieno.

Aggiungi il maiale e il vino o il succo di mela nella pentola a cottura lenta. Coprire e cuocere a fuoco basso fino a quando la temperatura raggiunge i 165 ° F, circa 3 ore. Disporre la carne su un piatto e tenerla al caldo. Alzare la fiamma al massimo e cuocere per 10 minuti. Incorporare l'amido di mais, il miele e il latte o la panna combinati e mescolare per 2-3 minuti.

Lombo di maiale brasato nel latte

La carne di maiale è particolarmente tenera e succosa se fritta nel latte. Il latte e il fondo di cottura vengono poi filtrati e la cagliata viene scartata per creare una gustosa salsa.

Per 8 persone

Lombo di maiale disossato da 1,5 kg
Sale e pepe nero appena macinato a piacere
120 ml/4 fl oz latte intero
50 ml di vino bianco secco o latte
2 grandi rametti di rosmarino fresco
2 rametti di salvia fresca
2 spicchi d'aglio, schiacciati

Cospargere leggermente il maiale con sale e pepe. Inserisci un termometro per carne al centro dell'arrosto in modo che la punta si trovi al centro della carne. Aggiungi la carne e gli altri ingredienti nella pentola a cottura lenta. Coprire e cuocere a fuoco basso finché un termometro per carne non registra 165 ° F, circa 4 ore. Disporre su un piatto da portata. Filtrare il brodo ed eliminare la cagliata e le erbe. Preparate il sugo con il brodo oppure conservatelo per un altro utilizzo.

Nota: per preparare il sugo, misurare il brodo filtrato e versarlo in un pentolino. Lascialo bollire. Per ogni 250 ml/8 fl oz di brodo, mescolare 2 cucchiai di farina con 50 ml/2 fl oz di acqua fredda e mescolare per circa un minuto fino ad ottenere un composto denso.

Panini di maiale

Qui consiglio di usare i panini per hamburger, ma puoi anche provare il pane bianco croccante o integrale.

Per 10 persone

1 lombo di maiale magro e disossato (circa 1,5 kg)
Miscela di spezie
Salsa barbecue pronta da 450 ml/¾ pinta
50 ml di aceto di vino rosso
50 g di zucchero di canna chiaro
2 cipolle medie, tritate
120 ml di acqua
panini per hamburger tostati
Sottaceti all'aneto

Strofinare il filetto di maiale con le spezie e metterlo nella pentola a cottura lenta. Aggiungi gli ingredienti rimanenti tranne i panini per hamburger e il sottaceto all'aneto. Coprite e fate cuocere a fuoco basso per 6-8 ore, alzando la fiamma al massimo negli ultimi 20-30 minuti. Disporre la carne di maiale su un piatto da portata e lasciarla riposare, coperta da pellicola, per circa 10 minuti. Sminuzzare la carne di maiale con una forchetta e mescolarla con la miscela del barbecue. Metti il maiale in panini per hamburger tostati e guarnisci con sottaceti all'aneto.

Arrosto di maiale con chutney di mango

Il chutney di mango fatto in casa è delizioso con l'arrosto di maiale. Preparare il chutney in anticipo. Si manterrà per diverse settimane in frigorifero. Si sposa bene anche con il pollo.

Per 8 persone

1 cipolla, tritata Bene
120 ml di brodo di pollo
Lombo di maiale disossato da 1,5 kg
paprica
Sale e pepe nero appena macinato
Chutney di mango (vedi sotto)

Aggiungi la cipolla e il brodo nella pentola a cottura lenta. Cospargere leggermente il maiale con paprika, sale e pepe. Inserisci un termometro per carne al centro del maiale in modo che la punta sia al centro della carne. Aggiungi il maiale nella pentola a cottura lenta. Coprire e cuocere a fuoco basso finché un termometro per carne non registra 165 ° F, circa 4 ore. Disporre la carne di maiale su un piatto da portata e lasciarla riposare, coperta da pellicola, per circa 10 minuti. Preparare una salsa dal brodo o conservarla per una zuppa o altro uso. Servire il maiale con il chutney di mango.

Nota: per preparare il sugo, misurare il brodo e versarlo in un pentolino. Lascialo bollire. Per ogni 250 ml/8 fl oz di brodo, unisci 2 cucchiai di farina con 50 ml/2 fl oz di acqua fredda e mescola finché il composto non si addensa, circa un minuto.

Marmellata di mango

Servire con curry o carne di maiale.

Sufficiente come contorno per 8 persone

3 manghi, tritati
225 g di zucchero di canna chiaro
120 ml di aceto di mele
40 g di uva sultanina
2 cucchiaini di jalapeño tritato finemente o altri peperoncini mediamente piccanti
Radice di zenzero fresca di 4 cm, grattugiata finemente
1 spicchio d'aglio grande, schiacciato
4 baccelli di cardamomo, tritati
Un piccolo bastoncino di cannella
2 chiodi di garofano

Sale, a piacere

Mescolare tutti gli ingredienti in una pentola a cottura lenta. Coprire e cuocere a fuoco alto per 3 ore e mezza. Scoprire e cuocere finché non si sarà addensato, circa 2 ore. È bello. Frigorifero. Condire con sale.

Filetto di maiale con salsa alla senape

Questo lombo di maiale viene cotto alla perfezione in circa 4 ore e viene servito direttamente con la salsa di senape.

Per 8 persone

2 cipolle, tritate
120 ml di brodo di pollo
Lombo di maiale disossato da 1,5 kg
paprica
Sale e pepe nero appena macinato
Salsa alla senape (vedi sotto)

Aggiungi le cipolle e il brodo nella pentola a cottura lenta. Cospargere leggermente il maiale con paprika, sale e pepe. Inserisci un termometro per carne al centro dell'arrosto in modo che la punta si trovi al centro della carne. Aggiungi il maiale nella pentola a cottura lenta. Coprire e cuocere a fuoco basso finché un termometro per carne non registra 165 ° F, circa 4 ore. Disporre la carne di maiale su un piatto da portata e lasciarla riposare, coperta da pellicola, per circa 10 minuti. Filtrare il brodo e le cipolle. Spargi le cipolle attorno al maiale. Conserva il brodo per la zuppa o altri usi. Servire il maiale con la salsa di senape.

salsa di senape

La salsa ideale da servire con carne di maiale in qualsiasi forma e forma.

Produce circa 300 ml/½ pinta

200 g/7 once di zucchero a velo
25 g di senape secca in polvere
1 cucchiaio di farina
120 ml di aceto di mele
2 uova
1 cucchiaio di burro o margarina

Mescolare lo zucchero, la senape in polvere e la farina in un pentolino. Mescolare l'aceto e le uova. Cuocere a fuoco basso finché non si sarà addensato, circa 10 minuti. Incorporare il burro o la margarina.

Arrosto di maiale con salsa di marmellata

Conserva il brodo rimanente nella pentola a cottura lenta per un altro uso. Se non avete il liquore all'arancia per la salsa alla marmellata, usatene la stessa quantità acqua

Per 8 persone

2 cipolle, tritate
120 ml di brodo di pollo
Lombo di maiale disossato da 1,5 kg
paprica
Sale e pepe nero appena macinato
Salsa di marmellata (vedi sotto)

Aggiungi le cipolle e il brodo nella pentola a cottura lenta. Cospargere leggermente il maiale con paprika, sale e pepe. Inserisci un termometro per carne al centro dell'arrosto in modo

che la punta si trovi al centro della carne. Aggiungi il maiale nella pentola a cottura lenta. Coprire e cuocere a fuoco basso finché un termometro per carne non registra 165 ° F, circa 4 ore. Disporre la carne di maiale su un piatto da portata e lasciarla riposare, coperta da pellicola, per circa 10 minuti. Filtrare il brodo e le cipolle.
Spargi le cipolle attorno al maiale. Servire il maiale con la salsa di marmellata.

salsa di marmellata

Ottimo con l'arrosto di maiale, ma anche come condimento per innumerevoli torte e budini.

Produce 450 g/1 libbra

450 g di marmellata di arance
2 cucchiai di burro o margarina
2 cucchiai di liquore all'arancia

Scaldare la marmellata, il burro o la margarina e il liquore in un pentolino fino a quando saranno caldi.

Filetto di maiale con salsa di cipolle

La salsa di cipolle si abbina ottimamente con l'arrosto di maiale, ma anche con il roast beef e la salsiccia.

Per 8 persone

2 cipolle, tritate

120 ml di brodo di pollo

Lombo di maiale disossato da 1,5 kg

paprica

Sale e pepe nero appena macinato

farina semplice

acqua fredda o latte

Aggiungi le cipolle e il brodo nella pentola a cottura lenta. Cospargere leggermente il maiale con paprika, sale e pepe. Inserisci un termometro per carne al centro dell'arrosto in modo che la punta si trovi al centro della carne. Aggiungi il maiale nella pentola a cottura lenta. Coprire e cuocere a fuoco basso finché un termometro per carne non registra 165 ° F, circa 4 ore. Disporre la carne di maiale su un piatto da portata e lasciarla riposare, coperta da pellicola, per circa 10 minuti.

Per preparare la salsa di cipolle, versare il brodo in un misurino, tenendo da parte le cipolle. Scaldare il brodo in una padella media fino al punto di ebollizione. Per ogni 250 ml/8 fl oz di brodo, mescolare 2 cucchiai di farina con 50 ml/2 fl oz di acqua fredda o latte e mescolare finché il brodo non si addensa, circa un minuto. Condire con sale e pepe. Distribuire le cipolle attorno al maiale e servire con la salsa di cipolle.

Filetto di maiale con salsa di pomodoro allo zenzero

Conserva il brodo filtrato per la zuppa o altri usi.

Per 8 persone

2 cipolle, tritate

120 ml di brodo di pollo

Lombo di maiale disossato da 1,5 kg

paprica

Sale e pepe nero appena macinato

Condimento di pomodoro allo zenzero (vedi sotto)

Aggiungi le cipolle e il brodo nella pentola a cottura lenta. Cospargere leggermente il maiale con paprika, sale e pepe. Inserisci un termometro per carne al centro dell'arrosto in modo che la punta si trovi al centro della carne. Aggiungi il maiale nella pentola a cottura lenta. Coprire e cuocere a fuoco basso finché un termometro per carne non registra 165 ° F, circa 4 ore. Disporre la carne di maiale su un piatto da portata e lasciarla riposare, coperta da pellicola, per circa 10 minuti. Filtrare il brodo e mettere da parte le cipolle per preparare un condimento di pomodoro allo zenzero. Servire il maiale con salsa di pomodoro e zenzero.

Condimento di pomodoro allo zenzero

Per comodità, se lo stai preparando come complemento alla ricetta del filetto di maiale in questa pagina, usa le cipolle tagliate a cubetti dal brodo a fine cottura anziché prepararlo da zero.

Sufficiente come contorno per 8 persone

2 cipolle, tritate
un po' di olio d'oliva per friggere
275 g/10 once di pomodori, tagliati
75 g di zucchine, tritate finemente
1 carota, tritata finemente
2,5 cm/pezzo 1 radice di zenzero fresca, grattugiata finemente
Sale e pepe nero appena macinato

In una padella media, rosolare le cipolle in un filo d'olio d'oliva fino a quando saranno leggermente dorate. Aggiungere i pomodori, le zucchine, la carota e lo zenzero e cuocere, coperto, per 3-4 minuti fino a quando i pomodori saranno morbidi e il composto inizierà a bollire. Cuocere a fuoco lento, senza coperchio, finché il liquido in eccesso non sarà scomparso, circa 5 minuti. Condire con sale e pepe.

Filetto di maiale con coulis di mirtilli rossi

Potresti non aver pensato a un contorno a base di mirtilli rossi per il maiale, ma i due stanno bene insieme.

Per 8 persone

120 ml di brodo di pollo
Lombo di maiale disossato da 1,5 kg
paprica
Sale e pepe nero appena macinato
Coulis di mirtilli rossi (vedi sotto)

Aggiungi il brodo nella pentola a cottura lenta. Cospargere leggermente il maiale con paprika, sale e pepe. Inserisci un termometro per carne al centro dell'arrosto in modo che la punta si trovi al centro della carne. Aggiungi il maiale nella pentola a cottura lenta. Coprire e cuocere a fuoco basso finché un termometro per carne non registra 165 ° F, circa 4 ore. Disporre la carne di maiale su un piatto da portata e lasciarla riposare, coperta da pellicola, per circa 10 minuti. Servire il maiale con la coulis di mirtilli rossi.

Coulis di mirtilli rossi

Non dimenticare di dare tempo ai mirtilli rossi di scongelarsi se li usi congelati.

Sufficiente come contorno per 8 persone

175 g/6 once di mirtilli rossi freschi congelati o scongelati
250 ml di succo d'arancia
50 g di zucchero a velo
2-3 cucchiai di miele

Fate bollire i mirtilli rossi con il succo d'arancia, lo zucchero e il miele in una padella media. Ridurre il fuoco e cuocere a fuoco lento, coperto, fino a quando i mirtilli rossi saranno morbidi, 5-8 minuti. Lavorare in un robot da cucina o in un frullatore fino a ottenere un composto quasi liscio.

Filetto di maiale con salsa di ciliegie al brandy

Le salse alle ciliegie sono più comunemente conosciute come contorno all'anatra, ma questa si sposa molto bene con la lonza di maiale.

Per 8 persone

120 ml di brodo di pollo
Lombo di maiale disossato da 1,5 kg
paprica
Sale e pepe nero appena macinato

Aggiungi il brodo nella pentola a cottura lenta. Cospargere leggermente il maiale con paprika, sale e pepe. Inserisci un termometro per carne al centro dell'arrosto in modo che la punta si trovi al centro della carne. Aggiungi il maiale nella pentola a cottura lenta. Coprire e cuocere a fuoco basso finché un termometro per carne non registra 165 ° F, circa 4 ore. Disporre la carne di maiale su un piatto da portata e lasciarla riposare, coperta da pellicola, per circa 10 minuti. Servire il maiale con la salsa di ciliegie al brandy.

Salsa di ciliegie al brandy

Questa salsa è ottima con le ciliegie fresche quando sono di stagione, ma è buona anche scongelata e congelata.

Sufficiente come contorno per 8 persone

2 cucchiai di zucchero
2 cucchiaini di amido di mais
¼ cucchiaino di pimento macinato
120 ml di acqua fredda
175 g di ciliegie scure, snocciolate
1 cucchiaio di brandy
succo di limone, a piacere

Mescolare lo zucchero, l'amido di mais, le spezie e l'acqua fredda in una casseruola media. Aggiungete le ciliegie e lasciate bollire, mescolando, finché non si addensa, circa un minuto. Aggiungete il brandy e condite con il succo di limone.

Spalla di maiale fritta con tagliatelle

Questo arrosto di maiale viene cotto fino alla cottura ed è perfetto per le seguenti varianti: maiale salato speziato, maiale teriyaki e tacos di maiale.

Per 8 persone

2 cipolle, tritate
250 ml di brodo di pollo
Spalla di maiale disossata da 1,5 kg
Sale e pepe nero appena macinato
3 cucchiai di amido di mais
75 ml di acqua
450 g/1 libbra di pasta, cotta, calda

Aggiungi la cipolla e il brodo nella pentola a cottura lenta. Cospargere leggermente il maiale con sale e pepe e metterlo nella pentola a cottura lenta. Coprire e cuocere a fuoco basso per 7-8 ore. Togliere il maiale e tagliare la carne.

Imposta la pentola a cottura lenta su una temperatura alta. Lasciamo cuocere per 10 minuti. Mescolare l'amido di mais e l'acqua e mescolare per 2-3 minuti. Riporta il maiale nella pentola a cottura lenta e mescola. Servire sopra le tagliatelle.

Maiale abbondante strofinato con erbe aromatiche

Servi questo maiale con erbe profumate sulla pasta o sul riso, oppure usalo come delizioso ripieno per un panino.

Per 8 persone

2 cipolle, tritate
1 peperone verde, tritato
250 ml di brodo di pollo
3 spicchi d'aglio, schiacciati
2 cucchiaini di olio d'oliva
1 cucchiaino di salvia essiccata
1 cucchiaino di timo secco
Sale e pepe nero appena macinato
Spalla di maiale disossata da 1,5 kg
3 cucchiai di amido di mais
75 ml di acqua

Aggiungi le cipolle, le fette di peperone e il brodo nella pentola a cottura lenta. Mescolare l'aglio, l'olio d'oliva, la salvia, il timo, ½ cucchiaino di sale e una buona presa di pepe e strofinare la carne di maiale. Aggiungi il maiale nella pentola a cottura lenta. Coprire e cuocere a fuoco basso per 7-8 ore. Togliere il maiale e tagliare la carne.

Imposta la pentola a cottura lenta su una temperatura alta. Lasciamo cuocere per 10 minuti. Mescolare l'amido di mais e l'acqua e mescolare per 2-3 minuti. Riporta il maiale nella pentola a cottura lenta e mescola.

Maiale Teriyaki

Questo tenero maiale è ottimo con pasta o riso, o anche arrotolato in tortillas di farina calde.

Per 8 persone

2 cipolle, tritate
250 ml di brodo di pollo
Spalla di maiale disossata da 1,5 kg
Sale e pepe nero appena macinato
50 ml di marinata teriyaki

Aggiungi la cipolla e il brodo nella pentola a cottura lenta. Cospargere leggermente il maiale con sale e pepe e metterlo nella pentola a cottura lenta. Coprire e cuocere a fuoco basso per 7-8 ore. Togliere il maiale e tagliare la carne. Mescolare la carne con la marinata teriyaki e aggiungere abbastanza brodo e miscela di cipolle da ammollare.

Tacos di maiale

Puoi preparare il tuo condimento per tacos, ma a me piacciono molto le confezioni di miscele già pronte.

Per 8 persone

250 ml di brodo di pollo
Spalla di maiale disossata da 1,5 kg
Sale e pepe nero appena macinato
½-1 confezione da una combinazione di stagionatura
8 gusci di tacos o tortillas di farina
lattuga grattugiata, pomodori a cubetti, avocado a cubetti o purea e panna acida

Aggiungi il brodo nella pentola a cottura lenta. Cospargere leggermente il maiale con sale e pepe e metterlo nella pentola a cottura lenta. Coprire e cuocere a fuoco basso per 7-8 ore. Togliere il maiale e tagliare la carne.

Mescolare la carne di maiale tagliuzzata con il condimento per tacos e aggiungere abbastanza brodo da coprire. Servire in gusci di tacos caldi o tortillas di farina con lattuga grattugiata, pomodori a cubetti, avocado e panna acida.

Costolette di maiale con sedano

Goditi la comodità della zuppa in scatola per preparare una deliziosa salsa per le braciole di maiale.

Per 4 persone

4 braciole di maiale disossate, circa 100 g ciascuna
1 cucchiaino di timo secco
Sale e pepe nero appena macinato a piacere
1 cipolla piccola, tritata dimezzato e affettato
4 cipolline, tritate magro
1 gambo di sedano piccolo, tritato
Barattolo da 300 g/11 once crema di zuppa di sedano
120 ml di latte parzialmente scremato

Cospargere le costolette di maiale con timo, sale e pepe. Mettere nella pentola a cottura lenta e aggiungere la cipolla e il sedano. Versarvi sopra la zuppa e il latte. Coprire e cuocere a fuoco basso per 4-5 ore.

Braciole di maiale Portabella

I funghi Portabella sono grandi e hanno la buccia setosa di colore marrone chiaro. Se lo desideri, puoi si utilizzano anche altri funghi della ' una tazza chiusa.

Per 4 persone

4 braciole di maiale disossate, circa 100 g ciascuna
1 cucchiaino di timo secco
Sale e pepe nero appena macinato a piacere
100 g di funghi portabella, affettati
Barattolo da 300 g/11 once crema di zuppa di funghi
120 ml di latte parzialmente scremato

Cospargere le costolette di maiale con timo, sale e pepe. Mettere nella pentola a cottura lenta e aggiungere i funghi. Versarvi sopra la zuppa e il latte. Coprire e cuocere a fuoco basso per 4-5 ore.

Costolette di maiale con salsa hoisin all'albicocca

Il pasto più semplice in stile slow cooker! Servire con riso se lo si desidera.

Per 6 persone

6 braciole di maiale disossate, circa 100 g ciascuna
Sale e pepe nero appena macinato a piacere
50 ml di brodo di pollo
150 g di marmellata di albicocche
3 cucchiai di salsa hoisin
2-3 cucchiaini di amido di mais

2 cucchiai di coriandolo fresco o prezzemolo tritato finemente

Cospargere leggermente le costolette di maiale con sale e pepe e metterle nella pentola a cottura lenta. Aggiungere il brodo. Coprire e cuocere a fuoco basso fino a quando le costolette saranno tenere, circa 3 ore. Togliere le costolette e tenerle al caldo. Alzare la fiamma al massimo e cuocere per 10 minuti. Mescolare gli ingredienti rimanenti nel brodo e mescolare per 2-3 minuti. Servire la salsa sulle braciole di maiale.

Costolette di maiale alla salvia

La salvia si abbina perfettamente alla carne di maiale, e la senape dona al piatto una nota piccante.

Per 4 persone

4 braciole di maiale disossate (circa 100 g ciascuna)
½ cipolla, tritata
10 ml/2 cucchiaini di salvia secca
120 ml di brodo di pollo
120 ml di vino bianco secco o altro brodo di pollo

1 cucchiaio di amido di mais
2 cucchiai di miele
2 cucchiai di acqua
1-2 cucchiai di senape di Digione
1-2 cucchiai di succo di limone
Sale e pepe nero appena macinato a piacere

Unisci le braciole di maiale, le cipolle, la salvia, il brodo e il vino in una pentola a cottura lenta. Coprite e fate cuocere a fuoco basso per 3-4 ore, finché le costolette saranno tenere. Togliere le costolette e tenerle al caldo. Alza la fiamma. Mescolare l'amido di mais, il miele e l'acqua combinati nel brodo. Cuocere senza coperchio per circa 5 minuti finché il succo non avrà la consistenza di una salsa liquida. Condire con senape, succo di limone, sale e pepe.

Maiale con prugne

Le prugne possono sembrare un'aggiunta sorprendente, ma aggiungono un meraviglioso sapore ricco alla salsa.

Per 6-8 persone

900 g di lombo di maiale disossato, tagliato a fette (4 cm)
225 g di prugne con ossa
375 ml di brodo di pollo
120 ml di vino bianco secco o altro brodo di pollo
scorza grattugiata dell' 1 limone

2 cucchiai di amido di mais

50 ml di acqua fredda

1-2 cucchiaini di succo di limone

Sale e pepe nero appena macinato a piacere

225 g/8 once di riso o cous cous, cotto, caldo

Mescolare tutti gli ingredienti tranne l'amido di mais, l'acqua, il succo di limone, il sale, il pepe e il riso o il couscous nella pentola a cottura lenta. Coprire e cuocere a fuoco basso per 6-8 ore. Alzare la fiamma al massimo e cuocere per 10 minuti. Mescolare l'amido di mais e l'acqua e mescolare per 2-3 minuti. Condire con succo di limone, sale e pepe. Servire con riso o cous cous.

Maiale con pere e albicocche

Come nella ricetta precedente, è ottimo spalmato sul riso, ma si sposa benissimo anche con il cous cous. Se volete potete condire il piatto finito anche con un po' di succo di limone.

Per 6-8 persone

900 g di lombo di maiale disossato, tagliato a fette (4 cm)

100 g di pere secche

100 g di albicocche secche

375 ml di brodo di pollo

120 ml di vino bianco secco o altro brodo di pollo

2 cucchiai di buccia d'arancia grattugiata

2 cucchiai di amido di mais

50 ml di succo d'arancia

Sale e pepe nero appena macinato a piacere

Mescolare tutti gli ingredienti tranne l'amido di mais, il succo d'arancia, il sale e il pepe nella pentola a cottura lenta. Coprire e cuocere a fuoco basso per 6-8 ore. Alzare la fiamma al massimo e cuocere per 10 minuti. Incorporare l'amido di mais e il succo d'arancia combinati e mescolare per 2-3 minuti. Condire con sale e pepe.

Maiale alla contadina con salsa di prugne

Salsa di prugne e miele rendono queste bistecche una vera delizia! Se preferisci, puoi rosolateli sotto la griglia prima di servire.

Per 4 persone

4 bistecche di spalla di maiale, peso totale circa 600 g

200 g di salsa di prugne

100 g di miele

1 cucchiaio di salsa di soia

2 cucchiai di amido di mais

50 ml di succo d'arancia

Sale e pepe nero appena macinato a piacere

Disporre le bistecche nella pentola a cottura lenta. Versare la salsa di prugne, il miele e la salsa di soia combinati sulle bistecche. Coprire e cuocere a fuoco basso per 6-8 ore. Disporre le bistecche su un piatto. Tenere caldo. Alzare la fiamma al massimo e cuocere per 10 minuti. Incorporare l'amido di mais e il succo d'arancia combinati e mescolare per 2-3 minuti. Condire e servire la salsa sulla bistecca.

Prosciutto al miele d'arancia

Questo prosciutto facile da preparare è delicatamente aromatizzato con arancia e miele.

Per 8-10 persone

Prosciutto affumicato disossato da 1,5 kg
75 ml di succo d'arancia
75 ml di miele
½ cucchiaino di chiodi di garofano macinati
1 cucchiaio e mezzo di amido di mais
50 ml di acqua fredda
2 cucchiai di sherry secco (facoltativo)

Inserisci un termometro per carne nel prosciutto in modo che la punta sia a circa metà altezza. Aggiungi alla pentola a cottura lenta. Aggiungere il succo d'arancia, il miele e i chiodi di garofano. Coprire e cuocere a fuoco basso fino a quando la temperatura raggiunge i 145 ° F, circa 3 ore. Disporre il prosciutto su un piatto e tenerlo al caldo.

Versare 375 ml di brodo in una casseruola e portare a ebollizione. Incorporare l'amido di mais combinato, l'acqua e lo sherry e mescolare finché non si sarà addensato, circa un minuto. Servire la salsa sul prosciutto.

Ragù di maiale e zucca

Il pane all'aglio sano si sposa molto bene questa sana casseruola.

Per 4 persone

450 g di lombo di maiale disossato, tagliato a fette (2 cm)
2 lattine di '400 g/14 once di pomodori a cubetti'
Barattolo da 400 g / 14 once di fagioli rossi, scolati e sciacquati
175 g di zucca butternut o altra zucca invernale, sbucciata e tagliata a cubetti

3 cipolle, tritate

1½ peperoni verdi, tritati

2 spicchi d'aglio, preferibilmente arrostiti, schiacciati

2 cucchiaini di condimento alle erbe italiane essiccate

Sale e pepe nero appena macinato a piacere

Pane all'aglio sano (vedi sotto)

Unisci tutti gli ingredienti tranne il sale, il pepe e il sano pane all'aglio nella pentola a cottura lenta. Coprire e cuocere a fuoco basso per 6-8 ore. Condire con sale e pepe. Servire con sano pane all'aglio.

Pane all'aglio sano

Prova questo pane all'aglio magro.

Per 4 persone

4 fette spesse di baguette o ciabatta

Spray da cucina all'olio d'oliva

2 spicchi d'aglio, tritati a metà

Spruzzare generosamente entrambi i lati del pane con spray da cucina. Grigliare fino a doratura, circa un minuto su ciascun lato. Strofina entrambi i lati del toast caldo con i lati tagliati dell'aglio.

Maiale con peperoni e zucchine

Questa combinazione solare di carne di maiale e verdure può viene servito con la pasta.

Per 4 persone

450 g di lombo di maiale o lombo di maiale disossato, tagliato a fette (2,5 cm)
Salsa di pomodoro pronta da 225g/8oz
120 ml di brodo di pollo
3 cucchiai di sherry secco (facoltativo)

1 peperone rosso, tritato

1 peperone verde, tritato

1 cipolla grande, tritata

1 spicchio d'aglio, schiacciato

¾ cucchiaino di basilico secco

¾ cucchiaino di timo secco

1 foglia di alloro

1 zucchina, tritata

1 cucchiaio di amido di mais

2 cucchiai di acqua fredda

Sale e pepe nero appena macinato a piacere

225 g fusilli, cotti, piccanti

Mescolare tutti gli ingredienti tranne le zucchine, l'amido di mais, l'acqua, il sale, il pepe e i fusilli nella pentola a cottura lenta. Coprite e fate cuocere a fuoco basso per 6-8 ore, aggiungendo le zucchine negli ultimi 30 minuti. Mescolare insieme l'amido di mais e l'acqua, mescolare per 2-3 minuti. Scartare la foglia di alloro. Condire con sale e pepe. Servire sopra i fusilli.

Maiale con carciofi e fagioli bianchi

Un pizzico di arancia con rosmarino aromatico completa questi aromi toscani.

Per 6 persone

700 g di lombo di maiale disossato, tagliato a fette (2 cm)
400 g di pomodorini a pezzetti in scatola
400 g di fagioli cannellini o bianchi in scatola, scolati e sciacquati
150 ml di brodo di pollo
2 spicchi d'aglio, schiacciati
1 cucchiaino di rosmarino essiccato
1 cucchiaino di buccia d'arancia grattugiata

Lattina da 400 g di cuori di carciofo, scolati, sciacquati e tagliati in quarti

1 cucchiaio di amido di mais

2 cucchiai di acqua fredda

Sale e pepe nero appena macinato

Mescolare tutti gli ingredienti tranne i carciofi, l'amido di mais, l'acqua, il sale e il pepe nella pentola a cottura lenta. Coprite e fate cuocere a fuoco basso per 6-8 ore, aggiungendo i cuori di carciofo negli ultimi 30 minuti. Alzare la fiamma al massimo e cuocere per 10 minuti. Mescolare l'amido di mais e l'acqua e mescolare per 2-3 minuti. Condire con sale e pepe.

Maiale pepato al vino bianco

Il filetto può essere sostituito anche con filetto di maiale disossato.

Per 4 persone

450 g/1 libbra di lombo di maiale, affettato (1 cm/½ pollice)

250 ml di brodo di carne

120 ml di vino bianco secco

1 cipolla, tritata Bene

½ peperone rosso, tritato

1 spicchio d'aglio, schiacciato

2 cucchiaini di pepe tritato finemente

1 cucchiaio di aceto di vino rosso

1 cucchiaio di amido di mais

2 cucchiai di acqua fredda
Sale e pepe nero appena macinato
15 g di erba cipollina fresca o prezzemolo, tritati finemente

Mescolare tutti gli ingredienti tranne l'aceto, l'amido di mais, l'acqua, il sale, il pepe e l'erba cipollina nella pentola a cottura lenta. Coprire e cuocere a fuoco basso per 6-8 ore. Incorporare la miscela di aceto, amido di mais e acqua e mescolare per 2-3 minuti. Condire con sale e pepe. Cospargere con erba cipollina.

Maiale austriaco con salsa di mele e mirtilli rossi

Godetevi questo misto di carne magra di maiale e frutta condita con timo.

Per 4 persone

450 g di lombo di maiale disossato, tagliato a fette (2 cm)
200 g di salsa di mirtilli rossi da un barattolo
200 ml di brodo di pollo
2 cipolle, tritate
2 grandi mele da cucina, sbucciate, senza torsolo e tagliate a dadini magro
1 cucchiaio di salsa Worcestershire
1 cucchiaio di aceto di mele
1 cucchiaio di zucchero di canna

½ cucchiaino di timo secco

Sale e pepe nero appena macinato a piacere

225 g di pasta all'uovo, cotta, calda

Mescolare tutti gli ingredienti tranne sale, pepe e pasta nella pentola a cottura lenta. Coprire e cuocere a fuoco basso per 6-8 ore. Condire con sale e pepe. Servire sopra le tagliatelle.

Ragù di maiale all'arancia

Il sapore caldo dei chiodi di garofano si abbina perfettamente alle arance in questa casseruola di maiale e peperoni.

Per 4 persone

450 g di lombo di maiale disossato, tagliato a fette (2,5 cm)

250 ml di brodo di pollo

250 ml di succo d'arancia

2 cipolle, tritate

1 peperone rosso, tritato

1 peperone verde, tritato

2 cucchiaini di zucchero

1 cucchiaino di timo secco

¼ cucchiaino di chiodi di garofano macinati

2 cucchiai di amido di mais

50 ml di acqua fredda

Sale e pepe nero appena macinato a piacere
175 g/6 once di riso bianco o integrale, cotto, caldo

Mescolare tutti gli ingredienti tranne l'amido di mais, l'acqua, il sale, il pepe e il riso nella pentola a cottura lenta. Coprire e cuocere a fuoco basso per 6-8 ore. Alzare la fiamma al massimo e cuocere per 10 minuti. Mescolare l'amido di mais e l'acqua e mescolare per 2-3 minuti. Condire con sale e pepe. Servire sopra il riso.

Maiale grigliato

Una salsa barbecue veloce al sidro di mele costituisce una base deliziosa per mele, cavoli e carne di maiale dal sapore dolce.

Per 4 persone

450 g di lombo di maiale disossato, tagliato a fette (2 cm)
375 ml di sidro di mele o succo di mela
Salsa barbecue 225g/8oz per la conservazione
450 g di cavolo cappuccio tagliato sottile
1 cipolla media, tritata spesso
1 grande mela acida, sbucciata e tagliata a cubetti più o meno
1 cucchiaino di cumino macinato
1 cucchiaio di amido di mais
3 cucchiai di acqua fredda
Sale e pepe nero appena macinato a piacere
225 g/8 once di pasta, cotta, calda

Mescolare tutti gli ingredienti tranne l'amido di mais, l'acqua, il sale, il pepe e la pasta nella pentola a cottura lenta. Coprire e cuocere a fuoco basso per 6-8 ore. Alzare la fiamma al massimo e cuocere per 10 minuti. Mescolare l'amido di mais e l'acqua e mescolare per 2-3 minuti. Condire con sale e pepe. Servire sopra le tagliatelle.

Filetto di maiale con gremolata

La Gremolata si aggiunge in tavola per dare un sapore fresco alla carne di maiale cotta con il pomodoro.

Per 4 persone

450 g di lombo di maiale disossato, tagliato a fette (2,5 cm)
250 ml di brodo di carne
Una lattina da 400 g / 14 once di "pomodori tritati", non sgocciolati
2 patate, a fette
4 scalogni, affettati sottilmente
2 spicchi d'aglio, schiacciati
1 cucchiaino di timo secco
1 cucchiaio e mezzo di amido di mais
50 ml di acqua fredda
Sale e pepe nero appena macinato a piacere
Gremolata (vedi sotto)

Mescolare tutti gli ingredienti tranne l'amido di mais, l'acqua, il sale, il pepe e la gremolata nella pentola a cottura lenta. Coprire e cuocere a fuoco basso per 6-8 ore. Alzare la fiamma al massimo e cuocere la carne per 10 minuti. Mescolare l'amido di mais e l'acqua e mescolare per 2-3 minuti. Condire con sale e pepe. Aggiungere la gremolata ad ogni porzione per amalgamare.

Gremolata

La Gremolata è una combinazione rinfrescante di aglio, scorza di limone e prezzemolo con cui si sposa molto bene carni ricche.

Per 4 persone, come contorno

25 g rametti di prezzemolo fresco
1-2 cucchiai di buccia di limone grattugiata
4 spicchi d'aglio grandi, schiacciati

Tritare finemente tutti gli ingredienti in un robot da cucina o in un frullatore.

Maiale cantonese

In questa casseruola agrodolce, il maiale può essere sostituito con filetti di manzo magro o di petto di pollo senza pelle.

Per 6 persone

700 g di bistecca magra di maiale, tagliata a listarelle sottili
Salsa di pomodoro pronta da 225g/8oz
1 cipolla, tritata
1 peperoncino rosso piccolo, tritato
65 g di funghi, tagliati a fette
3 cucchiai di zucchero di canna
1 cucchiaio e mezzo di aceto di mele
2 cucchiaini di salsa Worcestershire
1 cucchiaio di sherry secco (facoltativo)
90 g/3½ oz di pezzi di ananas
65 g di piselli dolci, tritati a metà
2 cucchiai di amido di mais
50 ml di acqua fredda
Sale e pepe nero appena macinato a piacere
175 g/6 once di riso, cotto, caldo

Mescolare tutti gli ingredienti tranne i pezzi di ananas, le taccole, l'amido di mais, l'acqua, il sale, il pepe e il riso nella pentola a cottura lenta. Coprire e cuocere a fuoco basso per 6-8 ore, aggiungendo l'ananas e i piselli dolci negli ultimi 15 minuti. Alzare la fiamma al massimo e cuocere per 10 minuti. Incorporare l'amido di mais combinato e l'acqua e mescolare finché non si addensa, 2-3 minuti. Condire con sale e pepe. Servire sopra il riso.

Maiale delle Cure d'Oro

Il riso colorato cubano si abbina perfettamente a questo piatto di melanzane, zucca, ceci e maiale.

Per 6 persone

450 g di lombo di maiale, a fette (2 cm)
400 g di ceci in scatola, scolati e sciacquati
2 lattine di '400 g/14 once di pomodori a cubetti'
1 melanzana piccola, a fette (2,5 cm)
1 cipolla, tritata
½ peperone verde, tritato
1 gambo di sedano, tritato
2 spicchi d'aglio, schiacciati
½ cucchiaino di cannella in polvere
½ cucchiaino di noce moscata appena grattugiata
½ cucchiaino di curry in polvere
½ cucchiaino di cumino macinato
un pizzico di pepe di cayenna
1 zucchina, tritata
175 g di zucca butternut, affettata
1-2 cucchiai di amido di mais
50 ml di acqua fredda
Sale e pepe nero appena macinato a piacere

Riso cubano

3 cucchiai di uvetta

3 cucchiai di mandorle a scaglie tostate

Unisci tutti gli ingredienti tranne le zucchine, la zucca, la farina di mais, l'acqua, il sale, il pepe, il riso cubano, l'uvetta e le mandorle in una pentola a cottura lenta da 5,5 litri/9½ pinta. Coprire e cuocere a fuoco alto per 4-5 ore, aggiungendo le zucchine e la zucca negli ultimi 20 minuti. Mescolare l'amido di mais e l'acqua e mescolare per 2-3 minuti. Condire con sale e pepe. Servire sopra riso cubano e cospargere con uvetta e mandorle.

Maiale caraibico con zenzero e fagioli

Le radici di zenzero fresco accentuano i contrasti di sapore in questo piatto colorato.

Per 6 persone

12-450 g di lombo di maiale magro, tagliato a fette
120 ml di brodo di pollo
120 ml di succo d'arancia
Lattina da 400 g/14 once di fagioli neri, scolati e sciacquati
Barattolo da 400 g/14 once di piselli dall'occhio, scolati e sciacquati
2 cipolle, tritate
1 peperone rosso, tritato
2 spicchi d'aglio, schiacciati
2 cucchiaini di jalapeño tritato finemente o altri peperoncini mediamente piccanti
2,5 cm/pezzo 1 radice di zenzero fresca, grattugiata finemente
½ cucchiaino di timo secco
75 g di gombo, pulito e tagliato a pezzi
75 g di marmellata di arance
300 g di spicchi di mandarino, sgocciolati
Sale e pepe nero appena macinato a piacere
175 g/6 once di riso integrale o bianco, cotto, caldo

Unisci tutti gli ingredienti tranne il gombo, la marmellata, le fette d'arancia, il sale, il pepe e il riso nella pentola a cottura lenta. Coprire e cuocere a fuoco basso per 6-8 ore, aggiungendo l'ocra e la marmellata negli ultimi 30 minuti. Incorporate lo spicchio d'arancia e condite con sale e pepe. Servire sopra il riso.

www.ingramcontent.com/pod-product-compliance
Lightning Source LLC
Chambersburg PA
CBHW071823110526
44591CB00011B/1194